交通ブックス130

曽根　悟　著

中速鉄道のすゝめ
―日本の鉄道起死回生策―

交通研究協会発行
成山堂書店発売

本書の内容の一部あるいは全部を無断で電子化を含む複写複製（コピー）及び他書への転載は，法律で認められた場合を除いて著作権者及び出版社の権利の侵害となります。成山堂書店は著作権者から上記に係る権利の管理について委託を受けていますので，その場合はあらかじめ成山堂書店 (03-3357-5861) に許諾を求めてください。なお，代行業者等の第三者による電子データ化及び電子書籍化は，いかなる場合も認められません。

目　次

第1章　中速鉄道のすゝめ　1

1.1　鉄道を取り巻く世界の状況 …………………………… 1
1.2　日本の鉄道を再び元気にする中速鉄道の提案 ………… 3
1.3　中速鉄道の定義とイメージ …………………………… 5
1.4　中速鉄道の効果的導入法 ……………………………… 7

第2章　日本だけ中速鉄道が育たなかった理由　9

2.1　1970年代の新幹線7000km建設基本計画と挫折 ……… 9
2.2　新幹線建設に伴う「並行在来線問題」………………… 17
2.3　高価でも受け入れられた東海道新幹線の技術的成功が
　　　後の整備新幹線計画で裏目に ………………………… 18
2.4　低成長・停滞の時代に入っても基本計画は変更せず、
　　　建設速度が著しく低下した …………………………… 20
2.5　新幹線基本計画から外れたルートでの所要時間短縮は　21
2.6　ブレーキ距離600m条項への誤解 …………………… 22
2.7　踏切との関係で法規はどうなっているか …………… 24

第3章　中速鉄道が実現できない理由は全くない　27

3.1　ブレーキ距離600mの制約（その1：列車防護）……… 27
3.2　ブレーキ距離600mの制約（その2：踏切対策）……… 29
3.3　「時代遅れのフル規格新幹線」からの脱却を ………… 32

第4章　特徴的・教訓的な3カ国との比較　37

4.1　ス イ ス ………………………………………………… 39
4.2　スペイン ………………………………………………… 44
4.3　中　　国 ………………………………………………… 53
　　　近年の注目すべき動き：中速鉄道と都市近郊輸送への進出　56

第5章　中速鉄道の線路はどんなものにするか　59

5.0　日仏高速鉄道論争 …………………………………60
5.1　新規の建設 ……………………………………………61
5.2　在来路線の改良による所要時間の大幅な短縮 …………64
　　5.2.1　駅の位置と構造　65
　　5.2.2　配　　線　69
　　5.2.3　中速鉄道化に向けての軌道の改良　74
5.3　改良が困難な区間へのバイパス線等の建設 …………82
　　5.3.1　改良が困難な区間とは　82
　　5.3.2　市街地に多数の踏切がある場合　83
　　5.3.3　山越えの区間　84
　　5.3.4　線路の付け替えによって新たな「並行在来線問題」が
　　　　　　起きないか？　86
　　5.3.5　チューリッヒ中央駅付近の具体的事例紹介　87
5.4　分岐器とレール ………………………………………90
5.5　信号・統合型列車制御システムと踏切問題 …………92
5.6　ダイヤに合わせた線路設備 …………………………95

第6章　踏切問題　97

6.1　踏切問題とは …………………………………………97
6.2　日本の踏切の現状 ……………………………………101
6.3　これまでの踏切制御の基本 …………………………106
6.4　「問題踏切」の問題例 ………………………………108
6.5　都市部での開かずの踏切対策も ……………………111
6.6　災害大国日本に特有の問題 …………………………115

第7章　中速鉄道用の車両　117

7.1　新規に作る場合 ………………………………………117
7.2　在来路線の改良区間で所要時間短縮を狙う場合 ……120
　　7.2.1　駆動系の基本　120
　　7.2.2　曲線走行速度を高める車体傾斜式車両　124
7.3　電力供給と饋電、集電の技術 …………………………130

7.3.1 電力供給　*130*
   7.3.2 饋　電　*134*
   7.3.3 集　電　*138*
 7.4 信号と運行管理［広義の運転制御］の技術 ………… *139*
 7.5 ケーススタディー（1）：庄内中速鉄道化の提案 ……… *141*
 7.6 ケーススタディー（2）：函館と東京、札幌とを直通化 *143*

第8章　中速鉄道化後の日本の鉄道 *146*

 8.1 日本の鉄道はどう変わるべきか ………………………… *146*
   8.1.1 都市鉄道　*146*
   8.1.2 都市間鉄道　*147*
   8.1.3 新幹線　*148*
 8.2 あとがきに代えて ………………………………………… *151*

 索　引 ……………………………………………………………… *152*

 余　話
   1　ミニ新幹線 ……………………………………………… *12*
   2　スーパー特急方式 ……………………………………… *13*
   3　フル規格新幹線 ………………………………………… *14*
   4　ATS, ATC, ATP 等 …………………………………… *23*
   5　ベーストンネル［基底トンネル］……………………… *40*
   6　「Taktfahrplan 定時隔ネットワークダイヤ」………… *40*
   7　Direttissima …………………………………………… *66*
   8　統合型列車制御システム ……………………………… *93*

本文中の地名等の表記について
日本語での表記が定まらない海外の地名、都市名、駅名、企業名等については、一部、当該国の表記（ローマ字）を使用している。

第 1 章　中速鉄道のすゝめ

1.1　鉄道を取り巻く世界の状況

　地球環境問題の深刻化、つまり資源問題も含めた持続可能性の観点から、交通分野では世界レベルでの変革が進んでいる。

　大都市の内部とその周辺では、自動車交通の行き詰まりの結果としての交通渋滞の慢性化と交通事故の多発化があって、一旦は廃止に向かった都市軌道交通などの復活や新設が進んでいる。

　こうして、道路交通による安全問題、環境悪化、渋滞による社会的な経済損失にも流れを変える動きが生まれ、今も個別交通から公共交通へ、道路から鉄道への流れが多くの国で進んでいる。

　都市間交通の分野では 60 年前に日本に新幹線が開業して技術的にも営業的にも成功して、斜陽産業化しかけていた都市間鉄道の流れを変える要因になった。

　ヨーロッパ大陸の地続きの国では国内交通も国際交通も航空から高速鉄道へのモーダルシフトが進み、ドイツでは国内航空路の多くが鉄道に転換されている近年のフランスでは鉄道で 2.5 時間以内で到達できる航空路は禁止され、昼間の移動で鉄道が優位になる所要時間 4 時間以内での主要都市のペアを増やす計画が積極的に進められている。

　欧州でもハイウェイバスなどに食われて少しずつ減少が進んできた寝台列車等の流れにも、近年顕著な変化が見られるようになり、夜間の移動で鉄道が優位に立てる区間では、復活や新設が目

立ってきた。

　近年、ヨーロッパでは飛行機での移動は「恥」というムードさえ広がりつつある。

　こうして1990年頃から世界各国の都市間鉄道も大変元気になる傾向が継続している。

　ここで見られることは、都市内とその周辺では自動車の利便性を認めつつ、可能な限り個別の自動車利用から公共交通へのモーダルシフトを積極的に行っていることである。資源・環境・安全・道路建設などに伴う社会的コストを公平に負担する観点から、都市間でも航空機から列車へ、個別交通から公共交通へのモーダルシフトを積極的な施策として推進していることである。

　本書では貨物輸送は対象外にしているが、この分野でも道路から鉄路へのモーダルシフトを意図的に進めている。アルプスの南北の多くの地点で、山越えを含む鉄道路線にバイパスとしてのベーストンネルが次々に建設されているが、このための資金はモーダルシフトをはかるために政策的に得られている。

　交通機関の栄枯盛衰は古今東西を通じて利用者の所要時間の短かさにかかっている。

　現代に当てはめれば、都市部や高速道路等が未発達の地域では道路を利用して発地から目的地まで直行できるマイカーにも駐車場探し、渋滞、かなり多くの信号待ちも含めての議論になり、公共交通では駅や停留所まで/からのアクセス/イグレスと乗換を含めた全所要時間での比較になる。

　これまで日本の鉄道が高速道路や高規格道路に対して優位に立てる境界の経験則として、列車の表定速度が100km/h超えが必

図 1-1　高速道路に並走する鉄道

要とされる。その上で、コストや快適性等が加わり、更に近代国家では地球環境・資源問題・安全性などの要素も加えた政策としての優遇策などでの利用者が負担するコスト面での調整も加わる。

このように見ると、鉄道が発展している国々の中で日本だけ鉄道に元気がない理由を探してみた。

1.2　日本の鉄道を再び元気にする中速鉄道の提案

この結果見えてきたのは、スピードアップの停滞、特に高速道路・高規格道路との競争の中心となる表定速度100km/h超えの列車の減少と、新幹線への依存という形での低速鉄道と高速鉄道への二極化という昨今の動きである。言い換えれば育ちつつあった中速鉄道の新幹線への依存という形での撤退だった。

例を北海道にとれば、かつて、函館－札幌間は在来線を代表する130km/h運転で、最速列車は表定速度106.8km/hだったし、札幌－旭川間も最高速度130km/hで、最速列車の表定速度は102.6km/hだった。ブレーキ距離を600mに制限しても最高速度

図1-2 北海道新幹線

は140km/hまでは高められるとの試験結果も発表して、今少しの表定速度の向上も見通していた。

その後、鉄道事故などもあり、今では最高速度を120km/hに落とし、停車駅も増やした結果、表定速度がそれぞれ89.8km/h、96.6km/hまで落ちてしまった。

そのJR北海道が今年4月に北海道新幹線が札幌まで伸びた際の計画を発表した。それはまさに、本書が提唱する在来線の中速鉄道化であり、札幌－旭川は60分、表定速度136.8km/hに、札幌－新千歳空港間は今の33分［表定84.7km/h］から25分［表定111.9km/h］にする計画である。

札幌－旭川136.8kmを60分で走破することは、かつてのJR北海道の最高速度140km/h化でも達成できない数値である。しかし、幸いに国鉄時代の1969年に神居古潭付近の急曲線は立派な複線トンネルに変わっているので、5.3.1にも述べるように、この区間は例外的に線路条件の良い区間なので、中速鉄道化は比較的容易なのである。

1.3 中速鉄道の定義とイメージ

中速鉄道とは馴染みのない用語であるが、言葉として低速鉄道と高速鉄道の中間を意味する。定義は国ごとに違って良いが、日本では最高速度が130km/hまでの在来鉄道の上限速度を超え、新幹線のそれである260km/h未満の鉄道とする。

低速鉄道は京成のスカイライナーが160km/hで走る印旛日本医大と空港第二ビル間の約20kmを除いた約23800km、高速鉄道は新幹線の全てである約3000kmであり、中速鉄道は今、上記の20kmしかない。

中速鉄道のイメージ[O]：現存する唯一の例である。成田スカイアクセス線を走る京成スカイライナーで、印旛日本医大と空港第二ビルまでの約20kmで最高速度160km/hでの走行が実現していて、日暮里—空港第二ビル間61.0kmを36分、表定速度102km/hで結んでいる。成田湯川までは複線区間、そこから空港第二ビルまでは単線区間であり、成田湯川の空港第二ビル寄りの分岐器は直線側はもちろん、分岐側も160km/hで走行している。

ここでは基本的にはこれまでの低速鉄道用の信号システムを用

図 1-3　京成スカイライナー（2022.4 印旛日本医大付近）

図1-4　京成線と並走するスカイライナー

いており、160km/h 走行を許可するために、スカイライナーにだけ、高速進行信号という特別の信号現示[*]を用意している。

中速鉄道のイメージ [1]：北陸トンネル、青函トンネル、湖西線のように、最初から高規格の路線として建設された区間を、低速鉄道から中速鉄道に進化させた路線ないしは区間が対象になる。これらでは既存の信号システムのままで、特認によって、ブレーキ性能が低かった485系などが600m以内では停まれない速度であった130km/hで走行したり、青函トンネル内では更に高い速度で走行していた。最初に述べた函館本線の札幌ー旭川や常磐線はこのイメージに近い。

中速鉄道のイメージ [2]：もともと、非電化単線のローカル鉄道として建設していた北越北線を高規格電化路線にした「ほくほく線」は、北陸新幹線の金沢延伸までの繋ぎとして、開業（1997年）から北陸新幹線の金沢延伸（2015年）までの期間は中速鉄道だった。

　線形さえ良ければ、中速鉄道化出来ることを示した実例であり、

---

* 上から緑（G）、消灯（x）が3灯、G という GxxxG の配列

図1-5 新緑の中を走る野岩鉄道特急リバティ

必要があれば可能な路線は、野岩鉄道、三陸鉄道（古い路線である釜石－宮古を除く）など、多くはないがこの仲間もある。

中速鉄道のイメージ[3]：新幹線から低速鉄道である在来線に乗り入れている『山形新幹線』や『秋田新幹線』は、上記のイメージ[2]の多くとは逆に、必要性が高いにもかかわらず、低速鉄道に止まっている例である。

ニーズは高いし、7章関連は既に満たしていて、5章の記述を参考に、中速鉄道化を進めてほしい路線の代表でもある。

中速新幹線のイメージとして、本書は政治問題には触れないが、技術論でいえば、新幹線計画7000kmの残り半分は低コストで高機能の中速新幹線として、なるべく早く完成させることが、世界的に求められている交通分野での持続可能な発展SDG'sに貢献する早道と信じている。

1.4 中速鉄道の効果的導入法

日本の新幹線は当初は大幹線の輸送力増強が主目的で、路線も駅も新たに造る必要があったから、極めて高価なものになった。

しかし、これから造る高速鉄道ないしは中速鉄道は既存の路線を活用して、必要な部分だけバイパス新線を建設したり、便利な既存の駅に乗り入れたり、便利な列車ダイヤを造るのに不必要なら、複線で造るのではなく必要以外の所は単線にすることで大幅に安く造れるのである。

　4章にはスイスやスペインでの手法が、5章では線路の造り直しの難しさや対策、7章には電気設備や信号関係は解決が容易であることが示してあり、新技術によって安くて安全で利便性の高いものが造れる時代になっていることが示されている。

第 2 章　日本だけ中速鉄道が育たなかった理由

　日本は世界に先駆けて高速鉄道「新幹線」を作り、輸送力が決定的に不足していた東海道本線という、世界的にも需要のきわめて大きい区間で、輸送力増強と高速化とを同時に実現した。

　東海道新幹線に引き続き、高度経済成長が続く中で、これを日本全国に広める全国新幹線網計画が策定され、これで「国土の均衡ある発展」が実現できることになっていた。しかし……そうはならなかった。それはなぜか、をまず見ておきたい。

2.1　1970年代の新幹線7000km建設基本計画と挫折

　全国新幹線鉄道整備法（1970年 法律71号）で、運輸大臣（今の国土交通大臣）が全国新幹線鉄道の基本計画を定めて公示した具体的な新幹線路線としては、すでに供用中・建設中の東海道・山陽新幹線の他に、東北・上越新幹線と成田新幹線が1971年に、北海道、北陸、九州新幹線（西九州新幹線長崎ルートも含む）が1972年に、翌1973年には北海道南回り、羽越、奥羽、中央、北陸・中京、山陰、中国横断、四国、四国横断、東九州、九州横断新幹線が追加されて、約7000kmに及ぶ新幹線の基本ネットワークが公示された。

　後にこのうち成田新幹線

図 2-1　リニア新幹線の実験線

は建設しないことになり、中央新幹線は別枠でJR東海が単独でリニア新幹線として建設することになり現在建設中である。2024年4月現在で開業済みの3000km弱の他、工事中の北海道新幹線新函館北斗－札幌間以外の残りの約3000kmは少ない予算の下での順番待ちで、ルートが決まった北陸新幹線の敦賀－大阪間以外は、北海道新幹線の札幌－旭川を含めて当面建設の見込みはたっていない。

　この計画の全部が早期に実現するなら在来幹線の多くは大都市間旅客輸送に関する限りほぼ不要になり、これらは貨物輸送と都市圏の旅客輸送に専念できるはずだった。しかし、このネットワークに含まれていない主要都市があることにも留意が必要だ。

　つまり、国内の主要な旅客鉄道のルートのほとんどが新幹線になるのだから中途半端な中速鉄道など不要、という考え方だ。

　ところがこの計画には以下のような多くの見込み外れがついて

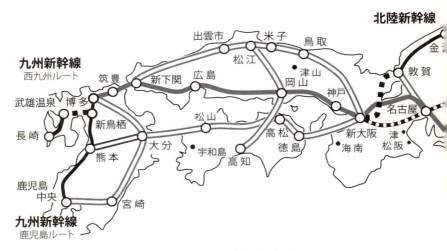

図2-2　新幹線建設基本計画

回ることになった。

見込み外れ その1　「早期に」は実現できなくなった：当初計画から半世紀以上経過した2024年3月の北陸新幹線敦賀延伸の現在7000kmのうち3000km弱しかできていないし、今後建設が早期に進む見通しも全くなくなってしまった。

見込み外れ その2　安く早く建設する案はすべて拒否された：早期建設が困難、と見た新幹線の建設を進める意図で運輸省が

余話1：ミニ新幹線

　「ミニ新幹線」は福島―新庄と盛岡―秋田で実現した、との説は新幹線としての計画時点では明確な誤りであったが、その後JR東日本が奥羽線と田沢湖線を改築して東北新幹線からの直通列車を走らせ、この在来線に『山形新幹線』『秋田新幹線』との愛称をつけた。このため、この方式がミニ新幹線そのもの、と解釈され、今ではその使い方が広まっている。たとえば、本書のシリーズにも「交通ブックス113: ミニ新幹線誕生物語 – 在来線との直通運転 – ミニ新幹線執筆グループ 成山堂書店　2003年」がある。

　当時は在来線の設備を［一部または大部分］流用して、安価に新幹線を作ろうという計画だったが、実現はできなかったのである。主な点を挙げれば、たとえば踏切はすべて廃止し、新幹線車両が在来線に直通するためには、車両限界の違いに対応するだけでも大工事になり、信号方式も当然に車内信号のATCにするしかなかったから、詳細設計に取りかかっても流用のメリットはほとんど出せない事がすぐに明白になったのである。

　踏切対策を例に取ると、常磐線の北千住―取手間の複々線化に際しては、すべての踏切を立体化または廃止した例もある。しかし、東北新幹線の盛岡―沼宮内間をミニ新幹線として整備する計画には、東北本線の複線化に際していわゆる「たすきがけ線増」方式が採られた結果、上下線が異なる高さになっている区間には下り線は立体交差、上り線は踏切という例もあって、流用自体がかなり困難でもあった。車両限界の違いに関して言えば、JRの在来線に多い2面3線の駅を2面2線に変えるのなら、用地幅は変えない範囲で作り直せる計算にはなるが、駅全体の作り直しになるから現実的ではないのである。

1988年に建設コストを削減する二つの案を提示し、建設費節減の割には所要時間短縮効果が大きいという文書が示された。それは従来からの標準軌・複線の専用高速鉄道、いわゆる「フル規格新幹線」よりも、在来線を3線軌化などしてこれへの直通化を図るいわゆる「ミニ新幹線」と、将来は新幹線化することを前提に高規格の路盤を建設した上で、完成したところに在来線の列車を走らせる、いわゆる「スーパー特急方式」が示された。「示された」

余話2：スーパー特急方式

　踏切のない高規格の路盤を作り、当面は狭軌の在来線として使い、後に新幹線にしようとする案で、北陸新幹線の一部と西九州新幹線はこれにする計画だった。

　北陸新幹線が長野まで開通して、長野行き新幹線と呼ばれていた際には、首都圏と北陸を結ぶために、もともと地方交通線として建設されていた北越北線、後の北越急行を電化した上で高規格化して上越新幹線の越後湯沢から北陸の各都市への特急を走らせていた。北陸新幹線の工事も、糸魚川－魚津間、高岡－金沢間は新幹線規格で建設するが、当面は狭軌の線路として在来線との直通を主体とする案になったこともあった。フル規格になって敦賀まで開通した現時点で見ると、首都圏側ではフル規格のメリットが享受できている反面、関西圏から見れば敦賀－新大阪の新幹線ルートは決まったとしても着工さえできていない現在、狭軌の高規格路線で糸魚川に繋がり、更に長岡や越後湯沢にも京阪神から直通できるメリットの方が大きかったと思われる。

　西九州新幹線の場合には、佐賀県の非協力で線路が繋がらずにいて、武雄温泉で在来線との乗り換えが必要になっているが、博多から長崎までは在来線車両がそのまま直通する方が便利だったかもしれない。本州からの直通を考慮して博多－新鳥栖間を九州新幹線経由で運転する、別項に示す可変軌間電車による直通をねらってもいたが、これは経験豊富なスペインでは複数の方式で成功しているものの、日本では新幹線速度での安全性確保が出来ずにむ実用化に失敗している。スイスでは、経験不足の中で導入して、一旦中断を余儀なくされたが、今では問題を克服して使われている。なお、異軌間を直通する可変軌間車両については、4.2を参照されたい。

とはいうものの、車両のサイズも、線路の曲線も、在来線に多く残っている踏切をどうするかも具体的には示されず、建設費と時間短縮効果に関する考えについても筆者によってすぐに見破られ[*]、

> **余話3：フル規格新幹線**
>
> 整備新幹線の建設を少しでも早く進めるために、建設費を減らす目的で詳細が不明のまま「ミニ新幹線」「スーパー特急」方式を提案したが、肝心の新幹線そのものを安く作る計画は示されなかった。早期建設を強く望んだ県などの自治体は、新幹線という「うなぎ」を注文したらミニ新幹線という「ドジョウ」やスーパー特急という「アナゴ」が出てきた、と反発したのだが、これらを拒否した結果としての選択肢には、いまや絶滅危惧種にもなっている天然うなぎ「フル規格新幹線」しかなく、これを安くておいしい養殖ウナギ「中速新幹線」に変える術がなかったのである。
>
> | 各種新幹線の比較 |||||||
> |---|---|---|---|---|---|
> | | フル規格 | ミニ新幹線 | スーパー特急 | 今の高速鉄道例 | 中速新幹線例 |
> | | 天然ウナギ | ドジョウ | アナゴ | 各種のウナギ | 養殖ウナギ |
> | 最小曲線半径 m | 4000 | ? | 4000 | 4000-8000 | 1200-4000 |
> | 隣接線間距離 m | 4.3 | [4.3?] | 4.3 | 4.5～5.0 | ＊ |
> | 副本線進入出速度 km/h | 70 | 70 | 70 | >120 | >70 |
> | 線路形態 | 日本流複線 | 3軌条複線? | 日本流複線 | 単線並列 | 部分複線 |
> | トンネル断面積 m^2 | 65 | 65 | 65 | 80-100 | ＊ |
> | 車体幅 m | 3.4 | 3.4 | 3.4 | 2.8-3.4 | 2.9 |
> | 車体長 m | 25 | 25 | 20-25 | 18［連節］-27 | 20程度 |
> | 駅の位置 | 新駅 | ? | 新駅 | 主として在来駅 | 在来駅 |
> | 乗換方式 | 改札経由 | ? | ? | 主として対面 | 主として対面 |
> | 踏切 | なし | 除去 | なし | なし | 例外的に許容 |
>
> ＊：主として単線で建設
>
> 絶滅危惧種と表現した「フル規格新幹線」とは、1972年の山陽新幹線の規格であり、今や半世紀前のものであり、輸送力を増やすことが最大の命題だったから、在来線とは別に新幹線専用の駅を作る原則で、これだけでも当然に高価なものになっている。

＊ 曽根　悟：整備新幹線建設費低減各案の技術的評価 鉄道ジャーナル 22-12
pp.59-62 1988

地元の首長がこれらを受け入れた路線は皆無であった。一旦はこれらで建設する計画になったところも含めてすべて「フル規格新幹線」が選択された結果、一層建設計画は遅くなることとなってしまった。

見込み外れ その3　「フル規格新幹線」自体が今の時代に合わないという問題：「ミニ新幹線」、「スーパー特急方式」を拒絶すると、残る「フル規格新幹線」は 1972 年時点の輸送力増強としての新幹線規格なので、在来線の駅とは別に新幹線駅を造る結果、駅建設費が増して、在来鉄道との乗り換えも不便になり、高コストで不便なものになってしまった（5.2 参照）。

見込み外れ その4　早く作らせるために別の「並行在来線問題」が生じた：建設後の新幹線運営組織、つまり国鉄とそれを引き継いだ JR が、新幹線に客が移ったあとの在来線の経営が負担になることを理由にして新幹線の建設に後ろ向きになることも考えられた。これを防ぐために、また、新幹線開業後の並行在来線からの経営上の負担を負わなくてよいように、世界に類例のない「並行在来線の経営分離」を政府与党の覚え書きという法的根拠なしのルールもどきにしたことが裏目に出る。長崎県と佐賀県の例に現れたように、沿線自治体同士の利害が対立してますます建設が遅れた[**]。

見込み外れ その5　大幅に建設が遅れた間の技術進歩を無視した：今でも半世紀前の基本計画が生きているため、例えば世界的に新規高速鉄道路線の最高速度が 300km/h の時代にも関わらず、260km/h の規格で造られている。また、輸送力増強が目的

[**]「並行在来線問題」については次節で論じる。

でない路線にも新幹線専用の別の駅を作り、大型・長編成の列車を走らせる計画になっている。

見込み外れ その6 高速鉄道を安く造るフランス方式を無視し続けた：東海道新幹線とフランスのTGVとの建設費の比較で、輸送力不足を解消するために日本では都心部の駅に巨額の用地費と建設費をかけている。フランスでは在来の駅に乗り入れた点の違いを日仏ともに認識・理解したのだが（5.0参照）、その後の変化には日本は対応しなかった。

横浜駅に新幹線駅を造ることが極めて困難だったため、畑の中に新横浜駅を造ったのは今では成功といえるが、東北新幹線の古川や新花巻、上越新幹線の浦佐や燕三条、北陸新幹線の飯山などの駅は必ずしも利便性が良いとはいえない。後にJR九州が九州新幹線南半分の開業に際して安価で便利な新八代を造った例に学ぶことをしていたら、北陸新幹線の敦賀駅は遥かに安く便利な駅になっていたはずである。詳細は後述する。

輸送力増強が目的でないのなら、車両も3.4m幅5人がけ座席の長大編成ではなく、2.9m幅4人がけ車両による適正な編成に

図2-3　新八代駅

して、運転頻度を増すことで利便性も高くできる。

本書発刊の時点で最新の駅でもある北陸新幹線の敦賀駅についても成功とは言いがたい。その理由は 5.2 で説明している。敦賀はもう手遅れとしても、これから造る札幌はまだ間に合うはずである。

2.2 新幹線建設に伴う「並行在来線問題」

北陸新幹線高崎－長野間が建設された際に「並行在来線の経営分離」という仕組みが導入された。この区間の在来線は、高崎－横川－軽井沢－小諸－上田－［篠ノ井］－長野（途中の駅名は全特急列車の停車駅と他線との［分岐駅］を示す）の信越線で、横川は軽井沢との急勾配区間なので、電車特急にも補助機関車を着脱する必要からの停車だった。新幹線の開業に際してJR東日本は、在来線のうち都市近郊の高崎－横川と篠ノ井－長野は自ら経営することを選択し、その他は経営分離を望んだ。この結果、群馬と長野の県境を含む横川－軽井沢はどちらの県も引き受けずに廃線になり、長野県が軽井沢－篠ノ井を第三セクターである しなの鉄道 に引き受けさせた。

フル規格で造られた新幹線は横川と小諸は通らないルートになり、高崎、長野の近郊区間はいずれもJRの路線として残った。軽井沢と上田は新幹線の駅として発展し、小諸は特急停車駅からローカル鉄道になった「しなの鉄道」と、もともとJRのローカル線だった小海線との分岐駅という立場になってしまった。

この結果、広い平地佐久平にある佐久市の小海線との交点に造られた佐久平駅が新しい企業の誘致が進んで発展する中で、小諸

図 2-4　浅間山をバックに走るしなの鉄道

だけが凋落の道を歩んでしまった。小諸と佐久平は 8km 程の距離なので、両駅を便利に結べば異なる性格を備えたペアシティとして共に発展する可能性はあるものの、今のところ新幹線列車と小諸との連絡には全く配慮が見られていないから、そのような発展は期待できない。

　このようなことがしばしば起きるのは、輸送力不足時代のフル規格新幹線が今の時代にマッチしていないからであり、輸送力は十分にある地域での所要時間短縮・高速化が主眼の時代には合わないのである。

　かなり長い青森県の東北本線目時－青森 122km を引き受けた地元青森県の負担も相当に大きい。

　これらの深刻な問題をどうすればよいかは、第 5 章で述べることになる。

2.3　高価でも受け入れられた東海道新幹線の技術的成功が後の整備新幹線計画で裏目に

　東海道新幹線にも建設中にはさまざまな反対意見があった。斜

陽産業である鉄道には金を掛けるべきではない、欧米でも実現できていない200km/h運転は無謀だ、造るなら貨物列車が直通できる狭軌路線にすべきだ、などさまざまなものだった。

しかし、出来てみると実績として技術的にも営業的にも成功し、当初予算の2倍を超えた建設費の世界銀行からの借金分もすぐに完済することができた。初めは雨や雪に弱かった問題もほぼ克服して、高速鉄道は沈滞気味であった欧米をはじめ世界の鉄道を再生させるきっかけにもなった。これは、東京－大阪間という、世界的にもまれに見る人口密集地帯を貫く幹線としての成功だった。

新幹線を岡山、博多に延伸する際には、東海道新幹線での技術的理解が深まり、規格を東海道よりは若干高めて、最高速度を210km/hから260km/hにできるようにした。具体的には上下線間距離を4.2mから4.3mに、基準としての最小曲線半径を2500mから4000mにレベルアップさせた。実際に山陽新幹線はこの新規格で造られた。ただし、東海道新幹線にも山陽新幹線にも例外的にはこれよりも急な曲線は多く存在する。

世界の高速鉄道は新幹線登場の後もどんどん進化したのだが、技術の判らない政治家達はこの山陽新幹線の規格を最終的なものと思い込んでしまった。その上、輸送力不足時代の考え方である在来線とは別の大容量の駅と列車を専用に造るという、今の時代には合わない「フル規格新幹線」が、安く作る2案[*]が拒絶されたあとに残った唯一の選択肢のように見えたことが悲劇の始まりなのである。

* 「ミニ新幹線」と「スーパー特急」方式

具体的には、車体幅が広い大型車両を多数連ねた編成を作り、既存の駅とは別に乗り換えが不便な在来線と同一名称の駅を作る、もしくは町へのアクセスが不便な別名の新駅に止まり、全線複線、それも左側通行しかできない日本式の、つまり外国には全くない複線(*)の高速鉄道にするなどである。これによって、建設費が高く使い勝手が悪いものになってしまったのである。

2.4　低成長・停滞の時代に入っても基本計画は変更せず、建設速度が著しく低下した

こうして、建設費が高くて不便な側面もある新幹線は、超スローペースでの建設が続けられている。

ミニ新幹線といわれている『山形新幹線』は新幹線も走る列車が直通する在来線である。新幹線ではなく、『山形新幹線』という名称は営業上の愛称にすぎない。本来の「ミニ新幹線」は在来線に直通する新幹線として提示された全くの別物で、当然に踏切は除去せざるを得ず、江若鉄道と湖西線の例に見るように踏切もある旧線を安く新幹線路線に造り替えること自体が非常に困難なのである。つまり、現実にはほとんど造り替えなければならない、概念先行の提案だったのである。踏切除去問題に加えて、在来線サイズの車両が走る在来線［東北本線］に、車体幅が 0.4m 広く車体長が 5m 長い大型の車両である東北新幹線の列車が乗り入れて走ること自体がそもそもかなり無理な話なのである。

筆者らは日本海側の酒田市の要請で 2017 年に今の『山形新幹

---

*　日本以外の高速鉄道は一見すると複線に見えるが、実は単線並列［双単線ともいう］方式で運行の自由度が高い。

線』をやや本来のミニ新幹線に近づけた中速鉄道化の提案をしたことがあるが、曲がりなりにも計画として生きている奥羽新幹線の芽を摘みたくないから、との理由で首長からこの提案は拒否されたそうである。この提案の内容は後の 7.5 に示してある。

今の建設速度だと奥羽新幹線に建設の順番が回って来るのは早くて 22 世紀末、仮に奥羽新幹線の建設順位が最も低いとすれば、残りの総事業費を約 30 兆円として、今の年間建設予算約 800 億円で割った約 370 年後の 24 世紀末か 25 世紀頃と計算されるのである。

2.5　新幹線基本計画から外れたルートでの所要時間短縮は

図 2.1 の基本計画路線上にはない主要都市も少なくない。例えば松戸、柏、土浦、水戸、日立、いわきなどの常磐沿線の諸都市である。東北新幹線にも東京都心にも近い松戸や柏は別途考えるとしても、土浦、水戸、日立、いわきなどは置き去りでよい理由はない。それなら比較的線形の良い常磐線を中速鉄道化するのが手っ取り早い。常磐線以外にも、本州の真ん中に近い松本や高山、道東の帯広、釧路、網走など 7000km 網に含まれていないところも少なくない。

新幹線ができないのなら、在来線で高速運転をする、つまり今の低速鉄道から中速鉄道に脱皮する必要があるのだが、その動きは JR 発足直後にブレーキ距離 600m の制約の中で可能な 130km/h 運転を実現した後停まってしまったままなのである。元気な頃の JR 北海道は、ブレーキ距離 600m の条件があっても 140km/h までの高速化が可能として、これの実用化を目指したのだが、今

では130km/h運転すら多くの線で放棄してしまった。

　そのJR北海道が今年になって本格的な中速鉄道化の議論[*]を開始したようで、これは正に本書のねらいそのものである。札幌まで伸びた新幹線列車から同じホームの向かい側で待つ旭川までを60分程度で結ぶ列車を走らせる、というのは技術的には十分に可能で必要なことなのである。

2.6　ブレーキ距離600m条項への誤解

　古い時代の運輸省（現在の国土交通省の一部）は、もともと鉄道省だった時代の慣行から、国鉄に関しては大幅に自由度を持たせ、民営鉄道については厳しい縛りを掛けるという方針だった。

　国鉄問題が財政問題、労使関係などから社会問題になり、技術的にも新しいことができなくなると、たとえばATS（自動列車停止装置）の機能などにも大差が出てしまった[**]。技術が急速に進歩する時代に合わせて、大手民鉄では高機能化したATSなどで乗務員の誤操作などによる事故をほぼ根絶するまでに進歩・普及していた。しかし、この高機能なATP（自動列車防護装置）を、旧国鉄を民営化して誕生するJRにも適用することは、民営化自体を困難にするという政治的見地からも、法体系自体を根本的に改めて、民鉄への通達そのものを廃止してしまったのである。

　この変更の基本的な考え方は、技術の進歩に合わせてサービスのレベルアップができるように、基本になる「技術基準」（正確

---

[*]　https://www.jrhokkaido.co.jp/corporate/mi/vision/20240329-01.pdf
[**]　拙著「鉄道技術との60年 —民鉄技術の活用と世界への貢献—」の第6章に詳述されている。

には「鉄道に関する技術上の基準を定める省令」）では考え方のみを示し、レベルアップに際しては特に安全に関わる内容の説明責任を課すことにした。

この方針に沿ってかつて鉄道運転規則に定められていた日本の在来鉄道（新幹線以外の鉄道）の安全基準の中で、非常ブレーキをかけてから600m以内に停止しなければならないと定めていた、いわゆる600m条項は廃止された。

その一方で、野放しにするのは危険でもあるため、特に根拠を示して説明をする意図がない多くの中小鉄道等を念頭に、「技術基準の解釈基準」[***]を作ってその中で「新幹線以外の鉄道における非常制動による列車の制動距離は、600m以下を標準とするこ

> **余話4：ATS, ATC, ATP 等**
>   信号の見落としなどの人的ミスからの危険な事象を防ぐための装置などには、歴史的に以下のようなものがあった。古くは各種の自動警報装置 Automatic Warning System（AWS）が試みられたが、警報の聞き逃しなどで効果が低く、次に各種の自動停止機能を備えたシステムが登場し、日本では Automatic Train Stop の意味で ATS と名付けられた。国鉄の ATS-S は AWS に自動停止機能を付加したもので、警報に対して確認ボタンを押さなければ自動停止するが、確認すれば介入しない方式だったために効果が限定的だった。これに関してあとから導入した民鉄の ATS は自動介入方式にしてほぼ完全に保安装置としての役割を果たした。これらは乗務員の操縦に関するバックアップ装置であるが、これに対して、Automatic Train Control（ATC）は保安上の減速は装置が主体的に行うもので、国内では ATS とは区別されているが、国際的にはこれらのすべてが Automatic Train Protection（ATP）と呼ばれている。なお、列車の自動運転 Automatic Train Operation（ATO）は保安に関する ATC の下で加速と減速、停止などの機能を追加したもので、ATO 自体は保安システムではない。

***　解釈基準は https://www.mlit.go.jp/common/001398980.pdf

と」と記している。この記述に従い、一般の電車は非常ブレーキをかけてから600m以内に停車する必要がある、と解釈されているのである。

列車の運転を継続することが危険な状況が発生した際には、関係列車の運転をすぐに停止させる『列車防護』が必要になり、昔はこのために運転士と車掌が手わけをして、前方と後方に走って危急を知らせることをしていた。技術が進んでワンマン運転が必要な現代ではローカル線も含めて列車防護は無線等で行っているから、人が走る限界としての600mはもはや不要な時代なのであり、現代の鉄道は中小民鉄のワンマン運転の列車まで実質的にすべて「600m以下」の対象外であることは3.1で明らかにする。

2.7 踏切との関係で法規はどうなっているか

もう一つ、中速鉄道化ができない理由として挙げられるものに、踏切の存在がある。新幹線にブレーキ距離の制約がない理由の一つに、踏切がなく、当初開発する予定だった走行線路前方の障害物検知が当時技術的に実用困難と判ってからは新幹線特例法を作って、運転時間帯には社員さえ立ち入りができないようにしたからである。その上、毎日の運転開始に先立って安全確認車を走らせるというセットで安全を確保しているから、これらのない低速鉄道は中速鉄道化が不可能だという解釈をする人もいる。

これも間違いであり、今の法規では、踏切との関係は列車の速度帯を130km/hまで、130km/h〜160km/h、160km/h〜200km/hで区分して規制しているのである。

今の法令には踏切は設けてはならないという原則と、やむを得

ない場合に設けることができる例外の考え方が記されている［39条］。その上で、既存の踏切については人と自動車の安全かつ円滑な通行に配慮しなければならないという考え方が記されている［40条］。これに対する解釈基準には、39条に関しては、新幹線と新幹線に準じる速度の鉄道［160km/hを超え200km.h未満の鉄道］には例外も認めず、それ以外の鉄道［160km/h未満の鉄道］には例外的に鉄道の運転本数及び道路の交通量が少ない場合や鉄道路線の地勢地形等の状況から立体交差化が真に困難な場合に限って認められることが記されている。

既存の踏切に関する40条に関係する解釈基準には、列車が極めて高い速度（130km/hを超え160km/h以下）で通過する踏切道は、踏切遮断機、障害物検知装置（自動車が通行する踏切道に限る）が設けられていることに加えて、自動車が通行する踏切道は大型自動車が通行しないものであることとの原則と、やむを得ず大型自動車が通行する踏切道に設置すべき設備が具体的に示されている。

わが国の法体系では速い速度で走行する列車がある路線での踏切に関して具体的かつ詳細な記述があることに注意する必要があろう。

言い換えれば、本書では実質的に国内にほとんどなくなってしまった、最高速度が130km/hを超え、260km/h未満のものを一括して「中速鉄道」としているが、日本の法体系では必要に応じて、具体的に速度を示して区別していて、その境界速度として、130km/h、160km/h、200km/hが示されているのである。

踏切問題は、残念ながら日本の鉄道に残っている最弱点の一つ

であり、踏切が多く残っている路線は相対的に低速路線であり続けなければならないということも確かだろう。

しかし、世界的には 180km/h 程度までの路線には例外的とはいえ踏切があることも事実であり、現在の日本の法体系も上記のように制約の下で 160km/h までは許容しているのである。

いずれにせよ、踏切問題は考えなくてよいというレベルでは決してない。その意味では、中速鉄道化に踏切は無関係とは言い切れないので、本書では技術的には 3.2 で踏切にも対応した安価で優れた機能を持つ「統合型列車制御システム」を紹介した上で、踏切問題を改めて 6 章で論じる。

第３章　中速鉄道が実現できない理由は全くない

　２章では1970年代の初めに日本の主要都市を7000kmの新幹線ネットワークで結ぶ計画ができ、これが早期に完成すれば在来線のネットワークは貨物輸送と地域輸送に専念することになるから、あえてスピードアップに取り組むまでもないかのような姿勢になってしまい、その一方でこのネットワーク建設計画は7000kmの半分で実質的に止まってしまったことを述べた。

　それなら、今の日本の国力では建設費が高価でしかも不便な新幹線を何世紀もかけて建設するのではなく、既存の鉄道を軸にして安価で便利な中速鉄道に造り替えることを考える方がよい。

　ところが、それは「できない」という声が多く聞かれるので、本章では「できない」理由はないという事実を示すことにする。

3.1　ブレーキ距離600mの制約（その１：列車防護）

さて、そもそもこの600m条項の数値の根拠は何か。

現代の鉄道の技術上の基準に関する省令第8章には

「(列車防護)

　　第百六条　列車の停止を必要とする障害が発生した場合は、列車の非常制動距離を考慮し、停止信号の現示その他の進行してくる列車を速やかに停止させるための措置を講じなければならない。」

と記されていて、列車の非常停止距離に対応した防護無線の到達距離があれば良く、既に高速鉄道である新幹線にも各種の列車防

護装置などが実用されている以上、低速鉄道のそれと、高速鉄道のそれを的確に取捨選択して応用するだけで中速鉄道にも当然に対処可能なのである。

更に技術基準の「解釈基準」には、「600m以下を標準とすること」の根拠も明確に書かれている。そもそもこの条項が書かれている技術基準106条のタイトル自体が「第106条（列車防護）関係」であり、600mが書かれている解釈基準の第5項には

> 「5 新幹線以外の鉄道における非常制動による列車の制動距離は、600m以下を標準とすること。ただし、防護無線等迅速な列車防護の方法による場合は、その方法に応じた非常制動距離とすることができる。」

と明確に書かれているのである。

つまり、法令に書かれているのは、事故が発生した際に併発事故を防ぐ「列車防護」のために、一旦駅を発車したあと通信連絡手段がなかった時代のことなのである。列車に重大なトラブル、たとえば脱線して対向路線を支障した際に、前方の機関士と機関助士、後方の車掌が手分けをして前後に走って対向列車や後続列車が現場までに止まれるように、信号炎管(*)を振り回したり、レールに雷管(**)を仕掛けたりするための列車乗務員による走行可能距離と、接近する列車の非常ブレーキ距離のことで、600mは当時の現実的な乗務員の走行距離の上限で列車のブレーキでも実現可能な距離として決められた数値だったのである。

---

* 近づく列車の乗務員に炎煙で危険を知らせるもの
** 近づく列車のレールに設置しそれを踏んだ列車の乗務員に音で危険を知らせるもの

現代の列車はワンマン運転が普通であり、そもそも前後に手分けして線路を走行することができないし、多くの場所では無線で運行指令との連絡もできる。列車防護も無線で直ちに発報ができるので「600m条項」とは無関係なのであり、その場合には、無線等の到達距離が確保できれば、その距離までのブレーキ距離で良い。技術的には新幹線での列車防護システムを中速鉄道向けにダウングレードして適用するだけなのである。

3.2 ブレーキ距離600mの制約(その2:踏切対策)

新幹線には踏切はない。低速鉄道といえども新線には、既設の路線との接続部などの例外部分を除いて踏切は許されていない(鉄道事業法61条)。(***)

これらの大原則の下で、新幹線建設費を節約するための一案として「ミニ新幹線」が提示されたのであるが、踏切がないことは当然として、それをどのようにして実現するかは全く示されなかった。このため、『山形新幹線』がミニ新幹線であるから130km/hでしか走れない、などの大きな誤解が生じてしまった。

踏切はなくせばよいことは誰でも知っている。20世紀の前半から努力して踏切除去を進めてきたイギリスとは違って多くの踏切が残っている在来の鉄道で少しでも高速化しようとすれば曲線と並んで踏切が障害になることはほぼ明確である。

多くの踏切がある都市部では、大都市で進められている都市計

*** 新幹線浜松工場への低速走行の出入線、新線だった北越急行には六日町の上越線との接続部と犀潟の信越線との接続部を除けば踏切はない。新線扱いになった可部線延長区間(実は旧線の復活区間)、新線でも土佐くろしお鉄道の一部などに例外はある。

画事業としての鉄道を高架線にする連続立体交差化、これの変形とも言える、かつてのイギリスが多用した鉄道が掘割の中を走行する半地下化という、北総鉄道や名古屋の中央線などに少数の類例が見られる手法がある。このほか、スイスやスペインなどで近年広く用いられている浅い地下化または地下バイパス線の追加建

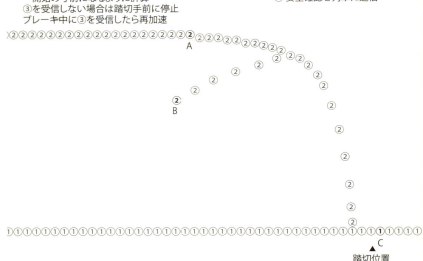

図 3-1 統合型列車制御システムとそれによる踏切制御

設などがあるが、都市計画事業自体も自治体の限られた予算での順番待ちの状態であり、全線全ての踏切を短期間に除去することは現実的ではない。

このことを考えると、多数の踏切を持つ既存の幹線をベースにしたミニ新幹線を造ること自体がそもそもほとんど実現不可能である。この前提で「踏切のない新幹線」から「踏切が残っていてもできる中速鉄道化」に舵を切る必要があろう。

中速鉄道であれば、少数の踏切が残っていても最近の優れた機能を持つ、従来の信号の機能を包含した上でしかも安価な「統合型列車制御システム」を用いて、従来よりも安全で高速通過が可能な踏切制御ができるのである。

例えば最高速度160km/h程度の中速鉄道に自動車の通る踏切が残っているとしよう(*)。列車は自分の位置①と速度②を常に把握し、ブレーキ特性と接近する踏切の位置を記憶しており、踏切の安全が確保できていない状況では踏切の手前で停止するパターンで運転する。この情報は踏切にも時々刻々知らされる。踏切は接近する列車の速度と位置からタイミングを見て、踏切遮断の一連の動作を開始する。踏切の長さや道路通行側の特性から、必要な警報時間、遮断開始から完了までの時間、自動車などが踏切内にトリコ(**)になっていないことなどの安全確認に要する時間の後に遮断完了を列車に知らせる。このタイミングが接近する列車が踏切手前に停車するためのブレーキ開始のタイミングの直前

---

* ヨーロッパ諸国の鉄道の例ではこの程度の速度までは踏切が見られ、180km/hを超える区間にはほとんど見られない。
** 立ち往生のこと。

［A］になるように、協調制御することで、列車は踏切手前に止まるブレーキ制御が解除できる。踏切から見れば安全が確保できる条件の中で警報時間、つまり道路側での踏切通行が不可能な時間が最小になる。［B］のように、何らかの理由で列車が低速で接近した場合には、その後の加速を想定して踏切保安の一連の動作を計算する。これで通常の踏切対策としては OK であり、踏切内の安全が確保できない場合には自動的に踏切の手前で列車が停まるから、従来の低速鉄道用の踏切制御と比べてより安全安心でもある。

　一方で、以下のような指摘も予想される。遮断完了・安全確認後、列車の通過直前や通過中に自動車が踏切内に入って事故が起きた例は少なくはない。列車の速度が低いときよりも高い方がこの場合の被害は大きいだろう、と。

　踏切ごとの特性は千差万別であり、このような問題踏切は、踏切に向かって道路が下り勾配、などの欠陥踏切であり、この場合にはブレーキがゆるんでも遮断竿まで行けないような仕組み、たとえば駐車場にある不正出場防止装置のような追加設置が必要だろう。同様に、しばしば踏切の認識がなされないで事故が起きる斜めに横切る踏切などには、それなりの追加投資は必要になろう。

3.3 「時代遅れのフル規格新幹線」からの脱却を

「ミニ新幹線」と「スーパー特急」を、新幹線を求める現地の自治体が拒否すると、残るのは「フル規格新幹線」しかない、というのも明確な誤りである。

　「フル規格新幹線」の問題点の一部は 2 章で述べたが、この誤

解は、輸送力増強が至上命題だった1970年頃の「大輸送力用の新幹線」と「古い技術時代の新幹線」にとらわれた、これから国内で作る新幹線としてはいわば「時代遅れのフル規格新幹線」なのである。7000kmの残り半分は、仮に新幹線として造るとしても時代のニーズと地域に適した「新時代のフル規格新幹線」「地域に適したフル規格新幹線」にしなければならない、

今の北陸新幹線や北海道新幹線よりも遙かに安くできて高機能なものにする余地は少なくない。それらのイメージをある程度明確に描いた上で、それでも建設費が高い「新時代のフル規格新幹線」による建設を選択するか、それはこの際諦めて新幹線とは別のいわば「中速新幹線」を急いで造るか、が必要な選択になるであろう。

著者は技術者であり、政治家ではないから、資金をどのように調達・確保するか、国民的議論をするのか、自治体などに競争させるのか、などは語る気もなく資格もない。本書では議論の技術的なタネだけを提供する。

では、「新時代のフル規格新幹線」とはどんなものだろうか？

明白にいえることは、輸送力不足時代の大型（車体幅3.4m, 通路を挟んで2＋3人掛け座席）の長編成の列車ではなく、在来車寸法の短い編成にする必要があることだ。便利なダイヤにするには少なくとも1時間に1本は走らねばならず、需要の時間変動に応じて1時間当たり1〜3本程度でちょうど良い座席数にしたい。

車両のイメージとしては、『山形新幹線』のE8系を低床化したイメージになろう。何両編成にするかは路線ごとに異なろう。

後に 7.5 で東北新幹線から新庄まで『山形新幹線』として直通している路線を活用した庄内［酒田、鶴岡地域］向けの中速新幹線にレベルアップする提案を示すことになるが、この例では E3/E8 系 7 両編成を 3 分割して山形、酒田、鶴岡行きにすることを想定した。あえて、『秋田新幹線』の E6 系と書かなかったのには理由があり、かつてこのルートに走っていた E3 系 6 両に匹敵する収容力を確保するためには、東北新幹線で 320km/h 運転を可能にするために先頭部分が極めて長い E6 系は 7 両にせざるを得なかった、という点では、今後造る新幹線で短編成による頻度の高い運行にはふさわしくないからである。

　在来線の寸法にする利点は、比較的最近に造られた長大トンネル内をそのまま走れることであり、新幹線との直通が主体なら、E8 系のままのイメージなら既存の新幹線とも直通は容易である。むしろ新たに造る線での走行が主体なら、E8 系の床面高さ（レール面上 1.3m）を 1.0m 程度に下げる方がよい。今の車両技術ならこれは技術的には十分に可能な上、少しの工夫で高床の新幹線にも直通は可能である。

図 3-1　E8 系山形新幹線

「古い時代のフル規格新幹線」の最大の欠陥は、在来鉄道との乗り換えを不便にする規格、つまり、新幹線専用駅の新設である。輸送力が不足していないほとんど全ての路線なら、既存の駅に乗り入れる方が安くて便利なことは明白だろう。その上今のフル規格新幹線専用駅は現代の新幹線の性能から見れば、分岐器の規格がいかにも貧弱である。0系12両の時代には副本線上のプラットホームのある静岡駅などへの進入・進出に70km/hの速度制限があるのはあまり無駄時間と感じなかったが、今の加減速性能が高いN700系の16両編成がこの部分をのろのろ運転しているのはいかにも残念である。ヨーロッパの新しい通勤路線に見られるような、停車列車に対しては速度制限にならない分岐器に変えれば、もっとスマートな運転が可能になる。

　在来鉄道の駅への乗り入れを活用することで、その駅に停車する場合は確実に便利になる。通過列車の所要時間が長くなる弊害が大きい場合には、イタリアで最初に造られた高速路線 Direttissima（5章の余話参照）のように、高速通過線から分岐して在来駅に達する設計もできる。これでも新幹線専用駅を既存の駅に並べて造るよりは建設費を安くしつつ、利便性を高めることが多くのケースで、たとえばしばらくは途中駅になる北陸新幹線の敦賀などでも可能だろう。

　後で述べる「中速新幹線」は多くの単線区間を持つものだが、「新時代のフル規格新幹線」にも特に高い輸送力が必要な線以外なら、ダイヤに合わせた部分複線を持つ単線は十分に許容できるのである。このことは、便利な乗換と直通が多用されているスイスの亜幹線レベルに単線区間が多いことで実証済みでもある。

「地域に適したフル規格新幹線」は文字通り、地域の多様性に応じて多種多様だが、最高速度の点では「フル規格新幹線」を名乗れる新幹線級でも中速鉄道級でも良いことは、今の『秋田新幹線』のE6系が320km/h走行の東北新幹線から低速鉄道路線である田沢湖線・奥羽線に直通している例を見ても明白である。

E6系が320km/h走行を実現するために先頭車の半分が無駄スペースになったり、曲線走行には不利な長い軸距を持つ台車に設計変更するという犠牲を払ってはいるが、このような犠牲は『山形新幹線』のE8系には不要なのである。

先に触れた7.5で示す、庄内中速鉄道用車両がE3/E8系の7両をベースにしつつ、これを3分割可能な編成にしたのは、東北新幹線では大型車体の10両編成と併結する制約から在来線寸法の7両が許容最長であり、分割走行する先は利便性からみて3箇所、必要な輸送力から見てこれを3+2+2に分割し、中速路線でしか先頭にならない部分は流線型にすることによる無駄な長さを最小限にしている。この例のように、地域特性は極めて大切であり、国鉄末期のような過度の画一化は無駄が多く結局不経済になるのである。

なお、この議論は本書が対象にする中速鉄道には限らず、本格的な高速鉄道である北海道新幹線が札幌まで延伸した際に、新函館北斗に停車する本州からの列車の一部を函館駅に直通させるのにも応用可能であり、これについては後に7.6で述べる。

第4章　特徴的・教訓的な3カ国との比較

> 本文中の地名等の表記について
> 日本語での表記が定まらない海外の地名、都市名、駅名、企業名等については、一部、当該国の表記(ローマ字)を使用している。

　高速鉄道がある国ではどこでも高速鉄道と共に中速鉄道が、高速鉄道がない国では中速鉄道が、その国の主要な鉄道ネットワークの中核になっている。

　まずこのことを鉄道が国内輸送で重要な地位を得ている国の中で特徴的な3カ国、スイス、スペイン、中国を例にとって日本と比較しながら説明しよう。

　日本の鉄道専門家の間では、しばしば日本の鉄道をイギリス、フランス、ドイツ3カ国またはこれにイタリアを加えた4カ国と比べて論じられてきたが、本書ではこれらの国との比較をあえて省いている。これらの国は、当然のように中速鉄道も重要な役割を果たしているが、これからの日本にとって参考になることが本章で取り上げる3カ国と比べて少ないからでもある。更に、鉄道に関心の薄い人たちからはなぜ米国やソ連とそれを引き継いでいるロシアとの比較をしないのか、という疑問も出るかもしれない。こちらの答えは明確であり、米ロともに都市間旅客鉄道に関しては過去も現在も参考になることが少ないからである。

　その上で、ここで取り上げている3カ国は日本と似ている点もあれば正反対なところもあり、筆者の意図は特定のことをマネしてほしいということではなく、これまでの日本流にとらわれるこ

となく、適材適所の観点から参考にすることで日本のそれぞれの地域に合う多様な開発を進めてほしいということなのである。

そのためにまずこれらの国の鉄道の概要と特徴的なことを示す

表 4-1　スイス、スペイン、中国、日本の旅客鉄道の比較

	単位	スイス	スペイン	中国	日本	備考
国土面積	万 km²	4.1	50.6	963.4	37.8	
同 比		0.11	1.3	25	1	
人口	百万人	8	48	1400	120	
同 比		0.07	0.4	12	1	
鉄道延長	千 km	5.5	16.2	151	26.3	※1
同 比		0.2	0.6	5.7	1	
主な軌間		1435/1000	1668/1435	1435	1067/1435	
鉄道事業者数※		約60	約3	約1	約120	※2
電化率※		99.2	64.9	73.5	66.4 [79.1]	※3
複線化率※		46	39	71	39 [33]	※4
旅客輸送量※	億人 km	186	270	68521	44161	※5
特徴		面ダイヤ	広標直通	世界一	高速元祖	
その初年		1982	1950年代	2007	1964	
最重要区間		Zürich-Bern	Madrid-Barcelona	北京－上海	東京－大阪	
同距離	km	122	621	1308	515	
最頻時同所要時間	分	56	150	258	147	
表定速度	km/h	131	248	304	210	
最頻時同列車本数	回/時	2	2	1	6～12	
途中停車駅数		0	0	1	4	
※1	スペインの異軌間を別線とすればもっと多い
※2	中国は名目上は多数ある
※3	[ ] は JR 以外の数 出展は柴川：電気運転統計「鉄道と電気技術 2024.7」
※4	日本のみ地下鉄を含む
※5	uic-railway-statistics-synopsis-2023.pdf による

ことから始めたい。まずは表 4-1 をご覧頂き、それぞれの国の鉄道の規模とその概要を把握されたい。

4.1 スイス

スイスは小さな国であり、北のドイツと南のイタリアとの物流にも非常に大きな役割を持っているが、本書は旅客輸送を対象にしているので、貨物輸送には触れない。

小さな国なので、高速鉄道は造らないと以前から宣言していて、UIC（国際鉄道連合）の高速鉄道の定義では新線の場合、最高速度が 250km/h 以上がこれに該当するので、世界最長のゴタルドベーストンネル（基底トンネル）を建設した際最高速度は 249km/h と主張している。このように限りなく高速鉄道に近い中速鉄道を含めて、乗客の所要時間短縮を 1982 年以来独自の手法 Taktfahrplan で継続的に進めていて、この結果鉄道のシェア拡大に大成功を収めている。

この手法の要点は、公共交通のネットワークで利用者の所要時

図 4-1　汎用幹線用機関車 460 型（2013.5　Zug　児井 正臣）
曲線走行に強い操舵台車を用い最高速度は 230km/h

間の短縮を特定の線区での列車のスピードだけで論じることを一旦やめて、乗換を含めた全体で論じることに変更したことである。

> **余話5：ベーストンネル [基底トンネル]**
>
> 山越えのルートは、かつては掘削が困難だったトンネルをできるだけ短くするために、標高の高い位置まで登るルートにするのが普通だった。近年は機械掘削が普通になったので、標高の低い位置に長いトンネルを造り、登って降りる上下移動を減らすとともに、急勾配を避けるための迂回も解消することで、省エネと所要時間の大幅な短縮を行う手法が多用されている。このような低位置に長いトンネルを掘って短絡するものをベーストンネルまたは基底トンネルと呼んでいる。
>
> なお、ベーストンネルはしばしば 20km を超えるような長いトンネルになり、日本と中国では複線トンネルにするところ、スイスやスペインでは単線トンネルを並べて掘り、この二つを避難通路で結ぶと共に、トンネルの途中にある長大掘削のための外部からのアプローチを活用して、トンネル火災時の脱出口にもしている点でも、参考にすべき点が少なくない。
>
> 国内では北陸本線の今庄－敦賀に当時日本最長の 13.9km の北陸トンネルが開通した 1962 年のケースが代表的であり、このケースでは山中峠を超える山中トンネル（1160m）を含む 12 のトンネルと 4 カ所のスイッチバックを持つ区間を一気に短絡した。
>
> この手法を近年スイスを初めとするヨーロッパ諸国では標高の高い山越え以外に、都市周辺の丘陵地帯にも多用しており、都市近郊での踏切解消、所要時間短縮、列車走行による騒音問題の緩和などの目的にも積極活用している。代表例には、チューリッヒの Zimmerberg Basistunnel や Ticino 州 Bellinzona と Lugano の 2 大都市を結ぶ Ceneri Basistunnel がある。これらの例では、上記の目的に加えて、輸送力増強にも大きく寄与している。
>
> 日本の北陸本線のケースと比べて、スイスの例では基底トンネルが出来た後も在来ルートを残して活用していることで、2023 年にゴタルドベーストンネルで発生した貨物列車の脱線事故に際して長期間運行ができなくなった際には、旧ルートが重要な代替ルートとなった。

> **余話6：「Taktfahrplan　定時隔ネットワークダイヤ」**
>
> それまでの線／ラインとしての所要時間短縮から、乗換を含めた面／ネットワークとしての公共交通全体としての乗客の所要時間短縮に考えを切

り替えて 1982 年にスイスが始めた公共交通ダイヤの作成法。

特定駅での乗換だけを便利にするには、たとえばバスが駅に 16 分に到着、25 分に発車、ローカル列車が 1 番のりばに 19 分着、22 分発、幹線列車が 2 番のりばに 20 分着 21 分発、支線の列車が 3 番のりばに 19 分着、22 分発とし、最も乗換が多く発生する列車が着発する線は日本の民鉄型の左右にプラットホームがある構造なら、列車間の乗換はプラットホームを横切り、必要なら停車中の列車を通り抜けることも含めて同一平面でできる。

こうした特定の駅での乗換を便利にする手法は、例えば近鉄の伊勢中川駅では大阪線、名古屋線、山田（今の志摩）線の間では古くから実施されていた。

スイスの場合は、特定の駅だけではなく、ネットワークのすべての主要乗換駅でこれを実現するために、線路の作り替えを含めた長期計画でこの方式に 1982 年に着手した。

これを実現するために、各列車を 1 時間に 1 本毎時同じ時刻に走らせることとし、1 時間おきの同種列車同士は 30 分ごとにすれ違うことになる。つまり、良い乗換のチャンスを 00 分または 30 分とし、接続列車はその直前着、直後発に設定すればよい。これがうまく機能するためには、主要な乗換駅（ノード）間の所要時間が 26 分、56 分、86 分などになればよい。着手から 40 年あまりを経た現在は、乗客の増加で 1 時間に 2 本が標準になっていて、ノードの乗換タイムは場所によって、00 分と 30 分、または 15 分と 45 分になっていて、ノード間の所要時間が 41 分、71 分などでも良い接続ができるようになっている。逆に、1 時間に 1 本の需要がない地方では例外的に間引きによって 2 時間に 1 本の良い接続という例も少しだけある。

国全体で最重要なノードは、人口が最大のチューリッヒ中央駅と首都であるベルン駅で、ベルンからチューリッヒ中央に着くとその先にはチューリッヒ空港、Winterthur、St.Gallen などの大きな需要がある路線に繋がっている。一方、チューリッヒからベルンに着くと、その先にはジュネーヴ、Basel、ローザンヌ、Interlaken などの路線に繋がっている。1982 年時点でこの区間は最速で 72 分を要し、これではネットワークとしての乗換の改善が困難なので、この区間の 72 分を 56 分に縮めて多方面への乗換のある両駅での 28 分着、32 分発を 2007 年に実現した。そのためにそれまでの最高速度 140km/h の区間の一部 Mattstetten–Rothrist 間に最高速度 200km/h で走行できるバイパス路線を建設した。

今のダイヤでは両駅とも乗換は 00 分と 30 分の 2 回ありチューリッヒを 02 分に出た列車は 58 分にベルンに着いてそのまま 04 分に Interlaken または Brig に直通し、Basel 発ジュネーヴ行きのベルン 00 分着 04 発の列車に相互に接続している。ダイヤは対称的なので、逆方向も自動的に同様

になる。チューリッヒ32分発28分にベルン着の列車はそのまま34分発のジュネーヴ行きに直通し、Luzernからの30分着34分発のInterlakenまたはBrig行きに接続している。

なお、日本では大変不便な例が増えてしまった地方の単線の路線でもスイスでは便利な運行が出来ているのは、5.6の末尾に示したように、このようなダイヤであればわずかの追加投資で格段に便利な行き違いができる。

図4-2　世界最長のゴタルドベーストンネル
上：建設中のトンネル北口（2013.5　Erstfeld　児井 正臣）、下：開業記念切手

図4-3　最新の低床中速電車 RABDe501 Giruno（2024.3　Milano中央駅　児井 正臣）
隣国イタリアの低床プラットホームに合わせたステップを出している

鉄道以外の公共交通を含めたネットワークは面積あたりでも人口あたりでも非常に稠密であり、乗換時間という無駄時間を減らすことに重点を置いて、主要乗換駅間の所要時間と、駅での乗換／直通の見直しをしたことである。

別の表現をすれば、線路や駅を与えられた条件としてダイヤを作る従来からの手法に、これとは正反対の、あるべきダイヤを実現するための路線のネットワークや駅の設備を改める手法を加えることで、公共交通ネットワーク全体としての最適設計を時間をかけて築いてきたことである。

なお、具体例としてはあるべきダイヤとそれを実現した事例として5.6で最大都市チューリッヒと首都ベルンの両端で理想的な接続が得られるようにした例を示し、線路に関しては5.3.4にチューリッヒ周辺地域の近年の建設が示されているが、このような

図 4-4　便利な乗換を実現するための民鉄での
両側プラットホームの例（2016.10　阪神電鉄尼崎）

ことは日本の国鉄、JR では最初から検討されていない事例でもあるので、ぜひ参照されたい。

わが国でも参考にできる事例としては、線形の悪い線区での大幅な所要時間短縮法としての浅い地下も活用してのバイパスルートの建設、単線が主体の線区での部分複線化への活用、乗換そのものの利便性向上策などがあり、スイスで良い成果を挙げていることが日本にも当てはまるものも少なくない。

日本の国鉄・JR は線路設備が与えられた条件として無条件に受け入れた上で、不便なダイヤになっているのとは対照的であり、民鉄では駅での乗換の利便性には配慮がある「民鉄での両側ホームの例」が、良い機会を待って長期に実現しつつある待避駅の増設などを早く進める際の事前評価としても有用であろう。

4.2　スペイン

最初の高速鉄道をフランスからの技術導入で 1992 年に開業し

図 4-5　中速電車 S120 系（2012.7 Valladolid）

第4章 特徴的・教訓的な3カ国との比較 　45

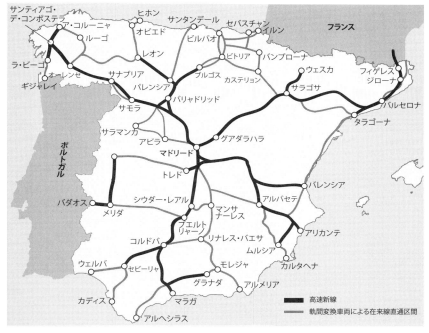

図4-6　スペインの高速鉄道網

て以来、広軌（1668mm）の在来線と標準軌（1435mm）の高速鉄道との直通という独自の技術開発を進めつつ、欧州最長の高速鉄道ネットワークを築くに至った、鉄道が比較的よく発達しているヨーロッパの中でも特異な国の一つである。

　細長い日本の国土とは違って［隣国ポルトガルを含めると］正方形に近いその中心に首都マドリードがある国土の形を活用して、標準軌の新設高速線と従来の広軌（1668mm 軌間）の幹線を中速鉄道化した上で、異ゲージ間の直通列車も非常に多い。

高速新線の基本は標準軌 1435mm で複線、交流 25kV 電化であるが、路線によっては単線、北西部の Olense 以遠は広軌 1668mm で電化以前から使い始め、Santiago de Compostela から先は高速線ではなく中速線にするなど、さまざまな工夫をしている。

　一方、既存の路線は、広軌で電化方式は直流 3kV であり、スペイン独自の技術として、古くからの Talgo（タルゴ）客車という軌間可変式の客車をその後進化させて、今では客車だけでなく、専用機関車も軌間可変式にした S130 系列や、短編成 4 両の電車 S120 系列（図 4-5）もできていて、軌間可変の専用の小屋を時速 20km/h 以下で走り抜けると広軌直流の区間と標準軌交流の区間とを直通できる設備が多くの場所に造られている。

　そのように独自の技術開発をしつつ、複線区間の片方を高速線に転用したり、とりあえず広軌の高速線を作って在来列車の高速化を図ったり、電化前の路線にも高速列車を走らせるために両端の専用機関車に隣接する客車のスペースにディーゼル発電機を搭載した電源車に変えて非電化区間にも直通させるなど、柔軟な考え方も見習う必要があろう。

　イベリア半島に属するスペインとポルトガルの両国は、軍事的な理由で歴史的に隣接するフランスの標準軌ではなく、広軌のネットワークを構築し、フランスと結ぶ鉄道は、東の地中海側のフランスの Cerbere とスペインの Portbou 間約 2km にそれぞれの路線が並行し、西の大西洋側のフランスの Hendaye とスペインの Irun 間約 2km にもそれぞれの路線が並行し、かつては国境での出入国手続きを兼ねた乗換が必要だった。その他にピレネー山

脈のローカル鉄道3本がLa Tour de Carolにフランス2方向、スペインからもルートがあるが、こちらは歴史的に重要な国際輸送路だったことはない。

現在のフランスとの国際ルートの幹線は、先の2地点ではなく、地中海側のCerbereとPortbouよりも20kmほど西側で国境をこえるスペインのFiguresとフランスのPerpignanとを結ぶ高速新線になっている。順番としては後になるが、Irunからの標準軌の高速線もいずれ造られる。

かつて国際列車として重要だったのは、バルセロナにも近い地中海側の東ルートだったが、古くからフランスとスペインとを結ぶ国際夜行列車は夜間に寝台客車の台車交換を行う方式での直通もなされていた。

スペインでの技術革新は早くも1940年代に始まり、独特な軌間可変の連節1軸台車を持つTalgo(*)客車による異軌間直通が1969年にスペインのバルセロナとスイスのジュネーヴとの間で始まり、5年後にはバルセロナ―パリ間にも広まった。

この頃は、機関車はそれぞれの国のものに取替える必要はあったが、台車交換と比べれば遙かに短い時間ですむことから、昼行の高速列車に使えるものになった。さらに、特殊な1軸台車で前後の車体が支えられている特徴を生かして、車体の支持点を高い位置にすることで自然振子式の車体傾斜が得られ、超過遠心力による乗り心地低下を補償して、曲線通過速度の向上も果たしている。つまり、国境での乗換時間程度で客車の軌間の変更と機関車

＊ TalgoとはG, O両氏による軽量連節式列車を意味する名称で、Tren Articulado Ligero Goicoechea Oriolの車両とそのメーカ名

の付け替えができるから、乗換がなくなり、その上、曲線区間での高速化もできて、便利で早く目的地に到着できるようになった。

　Talgoの技術革新は更に続き、軌間可変を無動力の客車だけでなく、専用の機関車にまで拡張したもの（メーカの名前はTalgo250、スペイン国鉄（renfe）の形式はS130）も2007年から実用化され、国内に次々に建設されている標準軌の高速新線と広軌の在来線とを、専用の軌間可変装置で通り抜けるだけで多くの場所での直通運転を行って、高速新線建設の効果を国内多くの都市と首都などとの間に及ぼしている。

　スペインを大平原の国と誤解している人は少なくないが、実はかなり山がちの国土である。古くからの在来線が山を越えるために曲線の多い線形だったところに、低い位置のベーストンネルを掘って、ここを高速短時間で通過できるようにして、所要時間短縮をする点ではスイスと同様なのである。

　これに類する重要な区間の例は首都マドリードとValladolidとの間で、在来線ではAvila、Medina del Campo経由で250kmあった区間をSegovia経由の高速新線ではグアダダラマ山脈をスペイン最長28.4kmのトンネルで180kmに短縮し、2時間40分程度かかっていたところを1時間弱で結ぶことができ、この恩恵は首都と北の大西洋岸のOviedo, Gijon, Santander, Bilbaoなど、多くの都市に及ぼすため高速新線経由で在来線に直通する列車が大活躍しているのである。

　なお、ここまではTalgo社の技術による集中動力方式の例（専用機関車にはBombardier社の技術も使用）を述べてきたのだが、スペインにはヨーロッパとしては比較的珍しい、電車による短編

成の列車も広く用いられてきた伝統もあって、CAF 社とイタリアの Alstom 社との合作である電車方式の可変軌間車両 S120, S121 もある。こちらは 4 両編成で、必要に応じて 3 編成までの併結によって収容力やサービス内容を変えることができ、軌間可変の方式も Talgo と類似のものである。

ここからはやや余談になるが、こうして在来電化方式の多くの都市に首都からの高速新線経由の直通列車が走り始めると、スペイン西北部の、首都と電化区間では結ばれていないガリシア地方などから強いクレームがついた。他の多くの都市との許容しがたい差別だ、というのだ。そこで、スペインではこれらのクレームに対応するために、二つの政策を採ることになった。

ひとつは、我が国のスーパー特急方式にやや似ているところがある、いずれは高速新線になる予定路線をとりあえず広軌非電化で造って、ここに非電化区間も走れる車両を投入しようという案を実行に移した。高速新線を標準軌にするのは隣国フランスからの直通を見据えてのことだが、スペイン北西部はフランスからなら、バルセロナと首都マドリードを経た先なので、直接の直通列車のニーズは少なく、それなら当面は軌間可変装置も通らずに広軌の高速新線を作り、あとで電化方式と軌間をどうするか考えれば良かろう、との議論である。

車両はすでに S130 があり、1 軸連節 12 台車 11 車体の両端を客室ではなく電源車に改造すれば電化区間は電気機関車である隣接の機関車に非電化区間では電源車から電力を供給すればよい。

強いクレームに対して素早く比較的簡単にできる名案、として急遽実行に移すことになった。詳しいことは知らないまま、ちょ

うどスペイン旅行中だった筆者は、そのS130をS730に改造しての試運転を2012年7月にValladolidで見かける機会があった。列車の中に置いてあるrenfeの車内誌にはハイブリッド式のS730として連節1軸客車を電源車に変更したS730の図もあり、2400kW(編成全体なら2両で4800kW)の機関車に必要な電力(機関車の出力は交流区間で2400kW, 直流区間で2000kW, 非電化区間では1800kW)を供給する発電機がこんな狭いスペース、1軸の車体に積めるのかと思っていたら、試運転中の現車は車端の台車が機関車の車輪径の大きな2軸台車になっていた。それに伴い客車の屋根も低い客車の高さから高い機関車の高さになっていて、さぞかし重心の高い車両になっただろう、しかし日本のような狭軌の鉄道ではないからこれでもOKかとも思ったのだった。

ところが、この『名案』が裏目に出る大惨事が筆者が試運転を見た翌年の2013年7月24日に起きてしまった。

図 4-7　軌間可変の専用動力車を持つ Talgo の高速車 S130/S730 系
客車は1軸連節車で3kV直流電化、1668mm軌間の在来線と25kV交流電化で1435mm軌間の高速新線との直通ができS730は機関車の次位に発電機を搭載して非電化区間への直通もできる

広軌で作った高速新線から直接在来線の急曲線に繋がっている、キリスト教の聖地で世界中から巡礼者が集まる Santiago de Compostela 駅の近くで転覆脱線を起こして 80 名近い死者を出してしまったのである。当時マスコミからは鉄道事故の専門家、と誤解されることが多かった筆者は複数のテレビ局からの取材を受け、夕方ないし夜のニュース番組用の収録をすませた。事故現場の写真から、S730 であることはすぐに判り、重心の高い電源車が転覆の原因ではないか、と述べた。

放映予定時刻の 1 時間ほど前に NHK から電話が入り、収録のあとで脱線時の動画を入手したので、それを見た上で収録内容の修正や補足があれば電話で話してほしい、との依頼だった。見たところ、やはり電源車がまず転覆し、それに引きずられるように編成全体が転覆したことがはっきりしたので、修正も補足もしないで済んだのだった。

事故そのものよりもなぜ転覆脱線事故を予測したかのような動画があるのか、の方が不思議と思う読者も多いだろう。

日本と違ってヨーロッパの鉄道は民営化に際して上下分離、つまり線路や駅を持つ会社と、それを使って列車を走らせる運行会

図 4-8　低重心の 1 軸連節客車 Talgo（2012.7 Granada）

社とに分割するのが普通の姿である。スペインでは線路・駅会社がADIF、運行会社が元のスペイン国鉄と同名のrenfeである。先輩格のイギリスでは線路会社のレールトラック社の保線の手抜きが原因の脱線事故が多発し、スペインではこのような責任問題を回避する目的でレール会社ADIFは運行会社renfeによるスピードオーバーを監視するための監視カメラをつけていたのである。法的にどのような決着になったかは承知していないし、特に興味も持っていないのだが、再発防止上の技術的観点からはこの種の事故は類例(*)も多く、対策としては操縦者の意図とは無関係に装置によって強制的にスピードオーバーを防ぐという、比較的単純な解決策があり、事故当時スイスやドイツではこれをルール化していたのである。

　しかし、この事故の場合は、ADIFがこの装置を設置していれば起きなかった。他の高速新線と在来線との直通区間には軌間可変装置の小屋があって、20km/h程度の超低速で通らねばならない（実際には一旦停止する例が多い）ので、前例主義ではつけるべき前例がなく、その代わりに不安に思った誰かが監視カメラを設置したのだろう。

　この事故現場は作りかけの300km/h運転用の高速新線と在来線の80km/hの速度制限のある区間を、同じ軌間だから、と直結してしまい、自動的な速度規制の装置を未設置のままで運行を開始してしまったのだった。

---

* 日本の福知山線事故（2005.4.25）、TGV試運転列車事故（2015.11.14）、英国Croydonトラム事故（2016.11.9）、危うくこれらの大事故になりかけた東北新幹線郡山インシデント（2024.3.6）

事故には責任追及と再発防止との両面からの対処が必要だが、この事故は、監視カメラをつけて運行会社の責任を明確にするつもりが、速度超過防止を怠った自らの責任にも及んだ事例である。

図の高速新線は基本的には標準軌 25kV 電化だが、Olense – Santiago de Compostela 間は広軌で 300km/h 運転用、その先の A Coluna と Vigo への線は中速新線である。

ドイツやフランスに比べて経済力の低いスペインが欧州最長の高速路線を持つに至ったのは、本書の各所に記したように各種の工夫によって適材適所に安上がりな路線建設を進めているおかげなのである。

なお、スペインでは広く活躍している軌間可変車両を日本でも西九州新幹線と北陸新幹線で在来線との直通化に実用化しようと、技術開発を進めたのであるが、残念ながら新幹線での260km/h 走行に安全に使用できるレベルの技術開発には成功しなかった。

4.3 中　　国

今世紀になって先進各国からの技術導入により非常に速いペースでの高速鉄道保有国になり、今では世界の高速鉄道路線の 7 割が中国にある状況になっているが、前世紀には自主開発に苦悩していたり、近年は中速鉄道にも注力している姿はあまり知られていない[**]。

[**] 中国での技術開発の経緯や成果自体はここでは詳細には述べないが、日本国内でも以下のようなもので知ることが出来る。
　　1. 曽根、高木監修「拡大続く中国の高速鉄道」Newton 2021.12 号
　　2. 曽根監修 Newton 別冊「世界の高速鉄道」2022. 9. 6　　次頁へつづく

中国が鉄道の高速化に本格的に取り組んだのは前世紀終わりの頃で、1997年の第1次高速化の時点では最高速度が120km/h以上140km/h未満の区間が1400km程度、140km/h-160km/hの区間が1300km程度、160km/h-200km/hの区間が800km程度であった。

　この年（1997年）日本では山陽新幹線でJR西日本の500系が300km/h運転を開始して、1981年以来水をあけられていたフランスにやっと追いついた年でもあった。

　中国は自主開発での高速鉄道の建設を目指していたが、それでは経済成長に追いつけないとして、2003年に先進国から分散動力の電車に限定しての技術導入に舵を切った。

　技術導入による最初の高速線は、北京－上海線の試金石としての意味が強い北京－天津線で、6次に亘る高速化計画の最終年2008年の北京オリンピックと共に開業した。これの完成により、200km/h-250km/hの路線長が3000km、250km/h超の路線長が800kmと、一躍世界の高速鉄道部門のトップの国になったのである。

　日本の新幹線が東京と大阪とを結ぶ輸送力増強と合わせての高速新線の開業だったことに習って、中国でも首都北京と、経済の中心上海を結ぶ区間が最初の主要な対象路線になった。在来鉄道で1400km余り、直線でも1200km程度離れている両都市間は普通に考えれば航空路の分野であるが、後発の利点を最大限に採り

前頁より　3. 曽根監修「世界の高速鉄道」Newton 2023. 2号
　　　　　4. 中国鉄道時刻表［季刊］の巻末記事「中国電車型式総覧」（図4-10）
　　　　　5. 羅 春暁著 世界高速列車図鑑 中国鉄道出版社
　　　　　6. 海外鉄道技術協力協会　最新世界の高速鉄道（株）ぎょうせい

入れて、何とか鉄道の分野に持ち込むために、鉄輪鉄レール方式か、浮上式リニアモーターカーかの選択も含めて検討を進めた。

この結果、ノンストップで4時間という所要時間の目標を定めて、路線長1300km、表定速度325km/h、これを実現するための最高速度を350km/hとした。遅れに対する余力としてドイツ流の遅延回復時に限って380km/hまでを許容するという最高レベルの路線を構築することとし、このレベルの350km/h級の路線、300km/h級の路線、250km/h級の3レベルの高速鉄道を全国に造ることにした。

国内に八縦八横と呼ばれる、南北方向の8本の高速幹線と東西方向の8本の高速幹線の建設に目処が付いた2018年頃からは、この幹線間の連絡線、幹線の周辺の亜幹線などの建設が進み出し、これらの路線には適材適所の原則で、短いながら最高速度が高いものもあるが、多くは高速鉄道ではないという意味での普通鉄道に分類される200km/h、160km/h級のものになった。

図4-9　中国のCRH380A
日本の技術を主体にして中国が開発したCRH380ALは14M2T編成、先頭形状は山陽新幹線の500系を参考に、先頭車の車内はドイツのICE3にならって前面展望を可能にした

表 4-2 中国の高速鉄道の進展

中国高速鉄道 開業年・速度別 集計表 UIC（2022.9）による

速度	140km/h		200km/h		250km/h		350km/h	
開業年	開業キロ	累計キロ	開業キロ	累計キロ	開業キロ	累計キロ	開業キロ	累計キロ
2003					405	405		
2008					148	553	118	118
2009			656	656	958	1511	1079	1197
2010			65	721	891	2402	1050	2247
2011			143	864	222	2624	1318	3565
2012			1201	2065	0	2624	1170	4735
2013			627	2692	1071	3695	973	5708
2014			50	2742	4533	8228	1381	7089
2015			1238	3980	1536	9764	1179	8268
2016			277	4257	1161	10925	362	8630
2017			404	4661	1438	12363	0	8630
2018			2607	7268	769	13132	810	9440
2019	76	76	520	7788	1209	14341	2513	11953
2020		76	363	8151	1382	15723	784	12737
2021		76	49	8200	600	16323	1536	14273

近年の注目すべき動き：中速鉄道と都市近郊輸送への進出

　かつて高速鉄道車両の自主開発に携わっていた技術者達は、技術導入への方針転換でしばらくは活動ができず、不満がたまっていたと考えられるが、この段階になって、これらの技術者達の出番が亜幹線クラスの一部で回ってきたようだ。今ではこの国では普通鉄道に分類される 160km/h クラスの鉄道の多くには、高速鉄道用の分散動力式の電車とは異なる集中動力式の電車 CR200J（図 4-10）が主力として用いられるようになっている。

　更に近年になっての注目される動きには、かつては国鉄が全国ネットワークを、都市当局が都市内の公共交通を担当するという

第4章 特徴的・教訓的な3カ国との比較　　57

棲み分けの原則の下で、鉄道の素人集団が地下鉄型の都市鉄道を造り、運営してきたのだが、これの利用者や専門家からの評価は低かった。

そこでこれを改めて、鉄道のプロである国鉄の指導で都市近郊、空港輸送、観光輸送などの改善の動きが強まったようである。

北京の首都空港の時代には長年に亘って道路によるアクセスしかなく、大渋滞に悩まされ続けた挙げ句に、2008年になって空港連絡鉄道ができ、停車駅が少なく地下鉄よりは若干速いが運賃も高い空港線が建設された。首都空港の容量の限界が見えてきて、新しい大興空港を2019年に開港させるに際しては、国鉄型の交流電化の160km/h自動運転の国鉄近郊型車両のCRH6シリーズの空港連絡専用の列車（図4-11）を走らせていて、ゆくゆくは幹線の高速鉄道への直通も視野に入れるまでに育っている。

つまり、この国では日本とは対照的に、低速と高速の途中に速

図4-10　中国鉄道時刻表の表紙に掲載されたCR200J

図4-11　中国の空港連絡専用の列車（CRH6シリーズ）

北京地下鉄大興机場線のCRH6F　都市鉄道にも鉄道専門家の技術が浸透し始めた一例
地下鉄初の交流電化の中速車両

度で2倍ものギャップがある中速鉄道の欠落、とは正反対なのであり、都市交通も含めて各種の速度と設備の列車が適材適所に配置されるまでになっている。

第5章　中速鉄道の線路はどんなものにするか

　この章では中速鉄道の走行路、つまり線路や道路との関係、駅やその配線、都市との関係などに関して、新規に中速鉄道を造る場合と、古くからの路線を中速鉄道に進化させる場合とでは大変大きな違いがあるため、この二つを区別して論じることにする。

　何が違うか。陸上交通の主役であった時代の鉄道は、町が鉄道駅を中心に発達したため、駅は便利な場所にある反面、駅付近が高度に市街地化していて踏切も曲線も多く、新たな線路用地が求めにくい。更に古い時代の鉄道は造りにくかった橋やトンネルをできるだけ少なくするために、地形に従って川沿いには急曲線も多く、途中の山脈を越えるルートではできるだけ高いところまで登ってから短いトンネルで向こう側に出るルートが選択された。これらの点から部分的な作り直しには多くの困難が伴うのである。

　一方、新規の路線を造る場合には既存の駅とその付近を除いてこのような制約が少ないから、新幹線という高速鉄道を造るノウハウがあれば、必要に応じてそれをダウングレードして採用するだけなので問題は少ない。

　輸送力が決定的に不足していた東海道本線・新幹線と、その後に造った山陽新幹線、東北新幹線の仙台、盛岡までは輸送力増強の意味合いが強かったので、駅も含めて専用の高速鉄道を造るという方針が正当化できたのだが、高崎以遠の上越新幹線を含めたその後の新幹線には輸送力増強のニーズは少ないか全くない。

それにもかかわらず、新幹線専用の駅を作る方針自体が高価で利便性の良くない路線になる原因になってしまったのである。これから造るなら、便利な既存駅に乗り入れ、必要な場所以外は単線で建設することで、安くて便利な路線ができるのである。

日本の新幹線とフランスの高速鉄道 TGV とは建設費が大変大きく違っていたが、その主要な原因は駅も在来線とは独立した専用駅を造った日本方式と、既存の駅に乗り入れたフランス方式とが主な違いだったことは日仏両国の高速鉄道関係者の論争を通じて共に了解した。

5.0　日仏高速鉄道論争

表 5-1 と表 5-2 は、拙著『新幹線 50 年の技術史』(講談社 2014 絶版) からの抜粋・要約である。

以下、新規の建設を 5.1 で、既存路線の改良を 5.2 で論じ、現

表 5-1　TGV (SE) が新幹線を徹底調査した後改良した点

フランスが認識した 新幹線の問題点	フランスの見解による その原因	改善方策
建設費過大	緩勾配 (最大 15‰)	急勾配 (最大 35‰)
	トンネル多数	トンネルなし
	橋梁多数	盛り土を原則
	スラブ軌道	砂利軌道
	都心部に新線新駅建設	既存駅に乗入れ
	重架線方式	軽量架線方式
輸送力調整能力不足	固定編成	2 編成併結方式
	固定パターンダイヤ	続行列車方式
	固定運賃料金制	可変運賃料金導入
乗換の必要性	在来線への直通不能	在来線直通原則
電車線事故多発	パンタグラフ数過大	高速運転区間は
集電問題		1 パンタ集電

表 5-2 TGV（SE）をもとに新幹線等が後日改良した点

TGVの方式	日本への反映および日仏以外への汎用性
急勾配（35‰）	日本（北陸・九州新幹線）もドイツも採用
トンネルなし	地形によりフランスにもトンネル・気密車両
盛り土を原則	地質等により各種工法を使い分け
砂利軌道	
既存駅に乗入れ	中速鉄道・中速新幹線成功の鍵に
軽量架線方式	世界的にこの方向での改善
2編成併結方式	東北・上越・山陽 ICE 等でも一部導入
続行列車方式	欧州では一般的 日本では未導入
可変運賃料金制	繁忙期／閑散期別料金制を導入・拡大
在来線直通原則	山形新幹線方式導入 可変軌間電車には失敗
高速運転区間は	パンタグラフ数削減
1パンタ集電	後に日本独自の2パンタ並列集電に進化

実的にはこれらの組み合わせになる場合のいくつかのヒントを 5.3 以降に示すことにしよう。

5.1 新規の建設

　新幹線の規格を下げて大幅に建設費を低減できる可能性は非常に高い。実現すべきダイヤ［当然に既存の鉄道等の公共交通機関との直通や接続を含む］に基づき、最高速度を主要結節点間別に設定[*]し、ダイヤ上多くの区間は単線で建設しても所要時間の増加がない場合には必要な区間だけを複線にする部分複線鉄道にすることで、既存の鉄道等との乗換を便利にしつつ、建設費をかなり削減することができる。

　これまでのフル規格新幹線の建設費が高くなった一番の要因

---

[*] 4章で述べたようにスイスなどにノウハウあり

は、5.0 にも示されているように駅を既存駅とは別に新設したことである。本書では北陸新幹線敦賀駅をこの意味であえて失敗例と評しているが、実は同じ福井県には、成功例に近いものも別の失敗例もある。

　成功例に近いのは福井駅であり、限られたスペースを活用して同一駅で処理し、その過程では新幹線駅をえちぜん鉄道が一時借用して、狭い西口とは別に広い東口の整備もできた。北陸新幹線の福井駅は東海道新幹線の三島駅と同様にプラットホームは一つしかない。三島駅はのぞみが通過する線を別に持っているが、北陸新幹線では全列車が福井に停車するから通過線もない。これで十分なのである。ではこれが中速新幹線の今後のモデルになるか、というとそうではない。在来線であったハピラインふくいとは経営分離して中間改札もあるから決して便利とはいえない、という問題は福井駅には残ったままである。

　もう一つ別の失敗例は在来線の武生とは離れた位置に造った越前たけふ駅である。越前市の市街地は在来線武生駅の東側を流れる日野川対岸にあり、市街地の東端には南北に国道 8 号線と、更に東に北陸自動車道があり、両者を結ぶインターチェンジ付近に越前たけふ駅を造った。造りやすい場所に造ったために、もともと不便だった鉄道駅にもう一つ不便な新幹線駅が加わった形になった。かつて東海道新幹線を造るに際して、横浜駅には狭くて入れないから新横浜駅を作り、その後横浜市自体が大発展して今では新横浜は成功例になっているが、少子高齢化の進む日本の地方都市でこのような成功例が再来することはない。しかし幸いに武生駅を終着にしている福井鉄道を、二つの不便な鉄道駅を便利に

第5章　中速鉄道の線路はどんなものにするか

結ぶライトレール化する道は僅かに残っているやに見ることはできよう。

　本来なら北陸自動車道や北陸新幹線の建設計画と同時に既存の越前市を通る在来線（もとJRのハピラインふくいと福井鉄道）や主要道である武生美山線などの道路を活用しての都市計画を総合して計画すべきであり、このような政治風土か社会システムがあれば、たとえば都市計画の一環としての環状ライトレールなどを民間会社である福井鉄道の負担なしに造って最初から成功例になっていたであろう。

　安くて便利なもの、という趣旨から少し外れるが、日本の新幹線の駅の副本線への出入りについて触れたい。今の高性能の新幹線電車が走る線として、制限速度70km/hの分岐器はふさわしくない。2024年3月に新幹線郡山駅で再び発生した停車駅通過の重大インシデントではこの分岐器を145km/hで通過するという大事故寸前の事態になったのだが、幸いに今回も辛うじて脱線はまぬかれた。新幹線駅の分岐器は通常の走行で制約にならない通過速度という建設設計基準がほしい。

　また、輸送力増強が主目的でない今後の高速鉄道では、3.4m幅で1列5人掛けというサービス上の評価が低い大型車体ではなく、2.9m程度の在来線の車両限界にした方がトンネル建設費等の低コスト化もできる。

　軌間と車両限界、電気方式などは、実現すべき直通先やダイヤに従うが、多くの場合に床面の高さを新幹線並み［レール面上1.3m］ではなく在来線並み［同1.1m程度］かそれ以下にして乗降を便利にしつつ低重心化を進めた『山形新幹線』に準じる方式、

つまり標準軌・在来線車両限界だが低床低重心化し、必要な場合には新幹線への直通にも配慮した規格がよさそうである。

　国鉄・JRにとっては軌間をどうするかも議論の対象になろうが、風の強いわが国では高速化による超過遠心力の乗り心地が問題になる路線で1067mm軌間を選択すべき余地はほとんどないだろう。

　電気方式は7章で述べるようにどれにでも対応可能だから、直通先などに応じて、交流20kV、同25kV、直流1.5kVのどれでもよい。青函トンネルでは主な用途を在来線から新幹線に切り替えるに際して、電気方式を20kVから25kVに切り替えて在来線の機関車をEH500とED79からEH800に全数取り替えたのだが、実はその必要はなかったのである。今の技術ならEH500などを小改造して用いることも、青函トンネル内は20kVのままにしてE5、H5のさらに微少な改造で対処する、より安上がりな方策もあったのである。

　このほかに信号方式の統一または両立が必要だが、これはコスト面でも重量・スペース面でも遥かに問題が少ないからここでは詳述は避け5.5で少し述べるに止める。

5.2　在来路線の改良による所要時間の大幅な短縮

　駅に関しては既存の駅を活用することで困難がない代わりに、線形改良と踏切問題には容易でない点が多いことをまず示す。その上で線形の改良には国鉄時代の中央西線、山陰線、福知山線などの大都市付近の線路増設時に併せて線形改良も行った際の手法を一層進めること、スイス（具体例を5.3にも示す）やスペイン

のノウハウを活用すること、さらに車両側での日本独自のノウハウを発展させて適用することを述べる。なお、踏切問題は大変広範な問題でもあるので、本書では主として6章で述べることとし、車両については7章でも示すことにする。

5.2.1 駅の位置と構造

　輸送力増強が主目的だった東海道新幹線は、横浜や大阪のような既存駅に新たな広大な用地を取得することが極めて困難だったので、大きなビルがない横浜線や東海道線との交点に新横浜、新大阪という新駅を造り、今では立派な市街地になっている例がある。新大阪に関しては、いずれ山陽方面に延ばす計画があったので、淀川を二度渡って無理に大阪駅に乗り入れる代わりに、新大阪駅を新たな結節点にしたのも正解だった。

　しかし、その一方で岐阜駅は遠いからとショートカットして岐阜羽島に新駅を造ったり、在来線との交点にわざわざ新駅、三河安城を造ったものの今でも決して便利とは言えない実例もある。

　これらの例のようにどこに駅を造るかは、町と既設の駅との社会的、歴史的、地理的関係でさまざまだから一概には言えないものの、日本では駅は便利な場所にあるケースが大部分なので、これからの中速鉄道・中速新幹線は新駅を造るのではなく、既設の駅に乗り入れることを原則にするべきである。これは、軌間、車両限界、電気方式・信号方式が違っていても成立する一般論である。これらの違いで直通が困難になっても、同一ホームの対面での乗換は十分に可能なのだから。言い換えれば、これからの中速鉄道・中速新幹線では、新駅を造るメリットは少なく、建設費や

利便性でのデメリットは非常に大きいのである。

　たまたま既設駅の近くに踏切がある場合でも、全列車が停車するのならそのままでも良く、高速通過の列車を多く設定したい場合には、高速新線を既設駅付近に作り既設線を分岐線として機能させる、欧州初の高速新線であるイタリアのDirettissima（ディレッティシマ）のような方法でも今の新幹線の手法よりは安くて便利な路線になる場合が多そうである。

　旧方式で作った敦賀やこれから造る札幌駅はどのようにすべきなのかを説明しておく必要もあるだろう。

　敦賀駅の評価は、首都圏の利用者からは悪くない。敦賀から先、滋賀県方面に足を伸ばす乗客も多くないからだ。

　一方、数の多い関西・中京圏と北陸との間の乗客にとっては、乗換の手間が増え、特急料金が高くなった上で、所要時間の短縮もごく僅かで、ハイウェイバスへの転嫁も進んでいる。しかも、新大阪への延伸までの少しの我慢、というわけでもなく、かなりの期間に亘って不便が続くのである。

余話7：Direttissima

　イタリアがローマとフィレンツェの間に欧州で初となる高速路線として造ったものは、Direttissimaと呼ばれ、後のほぼ世界共通の高速新線とはかなり違うものだった。在来の鉄道と軌間は共通の1435mmなので、電気方式も共通の直流3kVとし、在来線が谷沿いの曲線が多い線形に対して、両端都市とその郊外の各数kmを除いては高速運転向きの線形のルートにした上で、必要な途中停車駅には接続線経由で在来駅に乗り入れる方式にした。

　このため、後の高速新線が300km/h、交流25kV電化であるのに対して、今でも250km/h、直流3kV方式になっている。

第 5 章　中速鉄道の線路はどんなものにするか

この原因は、在来線の敦賀駅から少し離れた場所の非常に高い位置に新幹線の駅ができ、既設の敦賀駅に大阪、名古屋からの接続特急が停車したのでは乗換に時間がかかりすぎるとして、わざわざ新幹線駅の真下に新たな在来線特急ホームと接続線を建設した。乗換ルートには 19 通路（このうち 4 通路は在来線から新幹線へ、または新幹線から在来線への一方通行なので、押し寄せる乗換客から見れば 15 通路）もの多数の中間改札や 2 つあるプラットホームのそれぞれに 7 基もの長いエスカレータを準備し、更に定員 20 名の大型エレベータも用意した上で、乗継接続時間を短めの 8 分に設定したが、混雑時にはこれでも間に合わない事例も頻発している。この 8 分を事前のシミュレーションで要した

図 5-1　大きな駅を誇らし気に示す開業記念のクリアファイル

15分程度にすればよいのだが、実は11分以上にすると、需要の多い大阪、京都、名古屋から福井までの所要時間は増加するという状況になってしまうのである。

このように多額の建設費をかけて日本一巨大な駅を作ったことに関して、在来駅が緩い曲線上にあるところに直線の駅を建設したこと、高架の国道476号線の上を通る北陸自動車道の更に上を越える必要があったこと、ラムサール条約に登録された泥炭堆積地の保護のため深山トンネルをずらしたことなどの理由を挙げているが、もともと在来駅に乗り入れる計画なら、これらの問題も最初からなかったのである。

実はこの敦賀の現状には多くの前例がある。かつての越後湯沢での上越新幹線とほくほく線列車との乗継ぎも、米原でのひかりと新快速との乗継ぎも、東北新幹線の八戸駅も、少しでも列車が遅れたり、遅れなくても多客期には中間改札を開放して、そのまま通るように促していたのである。敦賀でもこの例は多発していて、これら過去の事例からの学びを活かしきれなかったといえよう。

ではどうすればよいのか。答えは、九州新幹線が新八代と鹿児島中央間のみ開通していた時と、今の西九州新幹線の武雄温泉駅に見られる。接続列車に乗る人には通しの乗車券を「座席は互いに近い位置に指定して」発売し、中間改札を止めればよいのである。今では一見これに近い在来線の列車と新幹線の接続列車が同一ホームの向かい側同士で着発する例が、新潟駅（在来5番線と新幹線11番線）と新函館北斗駅（在来1,2番線と新幹線上り11番線）などにも見られるのだが、在来線と新幹線との間に中間改

札を設けたうえ、列車の着発の全てを乗換に便利な使い方にしていないために実際にはあまり便利とは言えない。

九州新幹線方式で敦賀駅の在来線を改築して乗り入れれば、駅の建設費は一桁少なくなり、同一ホーム中間改札なしでの接続時間を3分にすれば、福井までの所要時間は今の3分短縮ではなく、8分短縮にできる。

ではなぜこのようになってしまったのか。建設主体と運営主体が別で、建設主体には安く作ろうとするインセンティブが働かず、「地図に残るような作品」にしたいという動機も働いていたかもしれない。もう一つの理由は、いずれ大阪に繋がる中間駅で、敦賀を高速で通過する列車も走る前提で設計していることと、国道8号のバイパス役の高速道路と国道476号とのジャンクションの上空を通る設計にしたこと、言い換えれば、道路計画と鉄道計画とを一体に議論する素地がないという、国の基本計画自体が原因と考えられる。

比較的長期にわたって敦賀での乗換が続くことを考えれば、仮に将来は上空を高速で通過する線路が必要になるとしても、当面はJR九州方式にしておくべきだったのである。

5.2.2 配　　線

既設の駅に乗り入れる、ということは直通運転が可能になることに近い。先に述べた軌間、車両限界、電気方式・信号方式の違いは、今や直通運転への解決可能な障害の要素に過ぎない。スペインでは標準軌・25kVの高速新線と広軌・3kVの在来線との直通運転は当たり前のように各所で行われているし、スイスでは標

準軌・幹線で車両限界も大型の BLS 鉄道と、メーターゲージで低圧直流電化の MOB 鉄道との直通運転さえも始まっている。この後者のケースは、大きな障害を乗り越えてでも直通したいニーズが強い国際観光ルートなので、若干無理をしての直通だ。

このように直通にするか対面乗換にするかは場合によるのだが、敦賀のケースはどうすれば良かったかも、本書の著者としては一例を示しておく義務がありそうだ。

建設費を大幅に削減しつつ、便利にする案はたくさんあったはずである。ここでは、将来新大阪に延伸した際には敦賀を高速で通過する線は必要なら別に造るとして、当面の敦賀延伸時に安くて便利な案の一つを示す。

スイスやドイツのようにダイヤが固定的なパターンであればもっと少ない設備で済むのであるが、今の日本のダイヤではそうはいかないので、現実のダイヤが捌ける配線にしてある。つまり、駅構内は上りと下りを固定的にはせずに、相次いで到着（発車）する北陸新幹線の列車を 2 本の線で捌きつつ、短い乗換時間の接続はプラットホームを挟むだけででき、接続時間がたっぷりある乗換にはホーム間の移動を伴うように設計した配線になってい

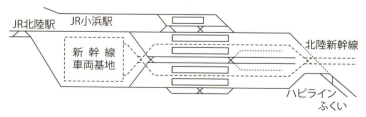

図 5-2　敦賀はこうすれば良かった

る。乗換を便利にすることに主眼をおいて着発の自由度を大きく設計しているために、類似のスイスの例よりは建設費は高価になっている。

　新幹線と特急との対面接続には長いプラットホームが必要だから、この乗換えは長いホームを挟んで行う。しかし、多くのエスカレータやエレベータを必要としている現実の敦賀駅ほどにはプラットホームの幅は必要ではない。それは、九州新幹線の新八代駅で実施していたように、ほとんどの乗換は、プラットホームを横切るだけで終わるように、車両の設備や指定の割り振りを行うことで可能なのである。

　新幹線の着発線には、民鉄の端末駅のように左右にホームがあ

図5-3　図5-2の長いプラットホーム中間の両渡り線(2012.7 Madrid Atocha駅)

って、一方は特急との乗換え、他方はローカル列車との乗換え用である。ローカル列車はごく一部の例外を除けば最長で4両であるから、長いホームに縦列停車することで、2方向への乗換え、例えば近江塩津方向とハピラインふくいへの乗換なども可能になる。

　途中に両渡り分岐があるのは日本には例が少ないが、ヨーロッパには多く見られる手法である。例えば、同じ方向から相次いで到着した折返し列車が、先着が後発、後着が先発なら単なる縦列停車で良いのであるが、先着が先発したい場合には、先発列車が降着した列車をバイパスして先発するルートを構成するために必要である。また、逆方向から相次いで到着する場合、後着列車が過走した際の衝突防止のために、極端に低速での警戒信号等での進入ではなく、過走余裕を与える進路としても活用できる。更にはハピラインふくいの列車の一部を北陸線や小浜線に直通させるような使い方にも対処できるのである。

　札幌駅では現在の用地では新たに新幹線を引き込む余地はないとして、東隣に別駅を造る計画のようだが、既存駅の配線変更と対面乗換用のプラットホームは狭く造れる利点を生かして遥かに便利にすることは十分に可能なのである。そこで、ここでは現在の札幌駅に新幹線列車を割り込ませ、新幹線列車の両側にホームを設けて乗換の行き先別に対面乗換を可能とする、阿部 等氏の案[*]を微修正した案を示す。もしも今更札幌東駅［現駅の東側に隣接して新幹線専用の札幌駅を作る計画の仮の名称］の建設が

---

* 毎週発行され後志管内で販売の読売新聞に折込まれる『後志よみうり』に阿部等氏が連載した記事 ［No.680: 2023.12.25］

各方面の乗換えを便利にする札幌駅の配線

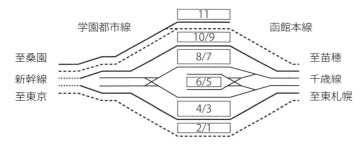

※新幹線は駅の西方しばらく先から地下となる
※現新幹線計画では2/1番乗りば付近を通過して300m東の駅に入る
※数字はのりばで新幹線は9・8番のりばと3・2番のりばに面する
※列車によっては函館本線と千歳線の間を白石で渡る

図 5-4　札幌駅乗り入れ案とその使い方

やめられないとすれば、これの有効活用法として、たとえばかつての高松駅と高松桟橋駅のように同一駅として扱い、この間は在来線扱いで無料にするなど工夫の上、札幌着発の利用者には早めの乗車、ゆっくり降車可能な場所としての役割も与えられる。

　札幌駅に着いた本州方面からの新幹線列車からは、左側には旭川方面の列車が、右側には空港・苫小牧・釧路方面の列車が待ち受け、札幌で下車する多くの客は出口に向かうか、そのまま札幌東駅まで乗車するか、自由にすれば良い。

　左右の乗り場の使い分けは間違えやすくない方法が必要で、たとえば旭川方面が10番のりばとし、相次いで発車するのなら、例えば小樽からの編成（10番のりば着）を分割して前をスーパー特急、後ろを特急または快速とするなどの方法が良さそうである。

　図5-5は東京方面からも札幌方面からも新函館北斗での乗り

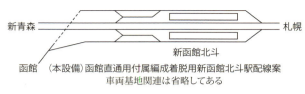

函館　（本設備)函館直通用付属編成着脱用新函館北斗駅配線案
車両基地関連は省略してある

図 5-5　新函館北斗駅案

換えを減らして、H5、E5 系の一部の車両を函館に直通させるための新函館北斗駅の配線の一例で、使い方の説明は 7.6 に譲る。

5.2.3　中速鉄道化に向けての軌道の改良
（1）曲線走行の基礎

　飛行機は空港到着での時間調整などのために空港付近で旋回することがある。この際、たとえば機体を大きく傾けて直径数キロの円軌道を飛び続けているが、多くの乗客は大きく傾いて急カーブを飛んでいることに気づかずに済んでいるのは、機体の傾きによって遠心力を感じていないからである。

　山陽新幹線で採用された最急曲線半径はこの例とほぼ同じで、飛行機が乗り心地に問題なく飛べるのになぜ整備新幹線の最高速度は旋回中の飛行機の半速程度の 260km/h なのかは、飛行機と鉄道とに本質的違いがあるからである。

　飛行機は止まれば墜落してしまう代わりに、軌道がないから曲線と速度に応じた角度に機体を傾けることで遠心力を感じないように飛び続けているのに対して、軌道に束縛される鉄道は特定の速度でだけ遠心力を感じないようにしか造れないのである。

　鉄道は異常時には停まることで安全を確保する乗物であるから、停まってもよい程度にしか軌道を傾けることは許されず、標

準軌 1435 ミリの場合、最大のカント[*]は 150mm 程度となっている。ただし、新幹線の場合は、踏切がなく、曲線で停車することはほとんどないので、最大のカントは 180mm 程度まで、例外的には 200mm までのカントが許されている。1067 ミリの狭軌では 105mm がカントの上限である。

このように、カントに上限があるため、曲線半径とそこを走る列車の最高速度とには以下のような関係がある。

まず遠心力を感じないで済む傾きを調べてみよう。

物理学の本質論では、半径 r の水平な円軌道を速度 v で走行する物体に働く遠心力は v^2/r に比例、つまり速度の２乗に比例し、曲線半径に反比例することが知られている。その物体を曲線の内側に θ だけ傾けることで乗り物の床の傾きのために遠心力で外側に振られる力を打ち消すには、

$\tan \theta = v^2/rg$　　　g は重力加速度という定数

という式が成立する。つまり、飛行機や車両が θ だけ傾けば、中の乗客には傾きのおかげで遠心力を感じないで済む。

この議論は、r、v、θ を基本単位、つまり［m］、［m/s］、１周を 2π とする角度で表せばスッキリとするのだが、鉄道界では速度を V［km/h］で、線路の傾きを角度ではなくカント C［mm］と軌間［1435mm とか 1067mm］との関係などで表す慣わしなので、換算には重力加速度も含めて見慣れない係数が付くことになる。つまりその走行速度 V［km/h］で走れば遠心力を感じないカント C［mm］は、曲線半径 R［m］の曲線では

---

[*] 曲線走行時の遠心力による乗心地改善のため外側レールを高くし、この高さをカントという

$C = 11.3\ V^2 / R$ 　[1435mm 軌間]

$C = 11.8\ V^2 / R$ 　[1435mm 軌間 新幹線]

$C = 8.4\ V^2 / R$ 　[1067mm 軌間]

となっている。

この上で、これまでの鉄道工学のテキストにはない形の図を示すことにしよう。

横軸は曲線を表すが、上記のように遠心力が V^2 と R との比で決まるために、縦軸を速度 V [km/h] やカント C [mm]、または設定カント C にカント不足量 Cd [mm] を加えたものとの相

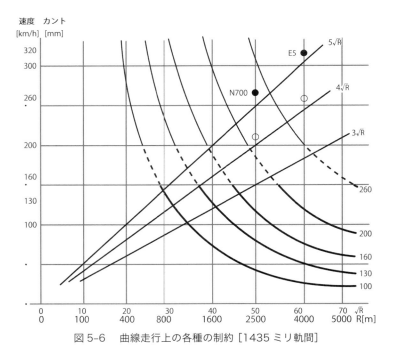

図 5-6 　曲線走行上の各種の制約 [1435 ミリ軌間]

性を良くするために、曲線半径 R [m] ではなく $\sqrt{R}$ に比例した目盛りにした上で数値は R で表示している。

この図の5本の曲線は速度毎に遠心力を感じないために必要なカントを表している。設定したカントがこの数値に足りない場合にこの不足量を、カント不足量 C_d と呼び、遠心力を感じることによる乗り心地悪化に対応する量である。

図の縦軸は、1435mm軌間用に速度 V、カント C、C_d に共通の目盛りにしてある。

更にこの図には、原点を通る3本の直線も示している。遠心力の式から判るように V と $\sqrt{R}$ とを比例的に増減させても遠心力は変わらないから原点を通る直線で表され、実用の列車はほぼ $3\sqrt{R}$ と $5\sqrt{R}$ の範囲に収まっている。

しかし、$3\sqrt{R}$ に近い例はともかくとして、$5\sqrt{R}$ に近い例は問題なく使われているかというと、決してそうとも言い切れない。2024年まで永らく伯備線で使われてきた自然振子式の381系では、車掌や車内販売などの乗務員からの評価が低い例が多く、混雑時には乗客からのクレームが多かったのも事実である。

その理由は比較的簡単なことなのに、良く理解されていないのである。

再び冒頭の飛行機の話に戻ろう。軌道のない飛行機は、方向を変えるときにも時間調整のために旋回するときにも少しずつ機体を傾けて、これに対応する曲率（曲線半径の逆数）を増加させ、直線飛行に戻る際にも少しずつ傾きを元の水平に戻す。

鉄道の場合はどうか。最も低速な路面電車が交差点で曲がる場合、道路の交差点部分にはカント（道路用語では片勾配と呼ぶ）は

付けられないから、路面電車の軌道にもカントはない。つまり、遠心力はそのまま車体にも乗客にもかかるが、低速ならば問題はない。

昔からの蒸気鉄道も実はこれに近いものが多く、$R \leqq 300\mathrm{m}$ などの急カーブでは到底中速鉄道化は不可能である。もう少しマシな $R \geqq 400\mathrm{m}$ 程度のところを論じてみよう。

旅客列車が 75km/h、貨物列車が 45km/h 程度で走行するこの曲線には平均速度としての 60km/h 程度で遠心力を感じないカントとして 75mm [標準軌換算で 100mm] 程度のカントが付されていることが多い。ここを 75km/h で走行すれば均衡カント C は 120mm [標準軌なら 160mm] と計算されるから Cd は 45mm [同 60mm] となり、この不足分だけの遠心力を感じることになる。しかしすぐ後に述べるように、例外的少数箇所にこのような急カーブがある場合を別にして、このような路線では車体傾斜制御付きの車両を活用しても中速鉄道化は到底不可能なのである。

(2) 曲線走行と緩和曲線

最初に航空機と鉄道との対比を示したように、軌道のない航空機はいわば速度に応じた軌道または航跡を自ら機体を傾けて作りながら進むのに対して、軌道に束縛される鉄道では向きを変える半径 R の曲線の前後に直線なり別の曲線とを結ぶ緩和曲線というものを挟まないとカントを付けられないため、特定の速度でだけうまく走れる固定の軌道として敷設するしかないのである。

蒸気機関車を用いた古い低速鉄道の場合は、カントを付けることによる軌道のねじれで車両が脱線しないように、例えば

$$L_1 \; [\mathrm{m}] \geqq 0.8C \; [\mathrm{mm}]$$

程度にしていた。なお、この 0.8 は蒸気機関車や 2 軸客貨車など

第5章　中速鉄道の線路はどんなものにするか

の固定軸距の長い車両に対する数値で、最近の電車、気動車や機関車は軸距が短いから、0.3～0.8でもよいとする考え方もある。

先の例で C=75mm なら L_1=60m 程度で、この区間を75km/h（約21m/s）で走るのに約3秒かかるから緩和曲線にさしかかってから Cd:45mm の打ち消しきれない遠心力を感じるまでの時間も約3秒あるから、身構える時間が何とか確保できることになる。

列車が高速化すれば、カントが同じでも緩和曲線を長くしないとこの緩和曲線を走行する時間が確保できなくなるから、緩和曲線長を速度に比例して長くする必要が起きて、

$L_2\,[\mathrm{m}] \geqq kCV\,[\mathrm{mm}]$

として、L_1 と L_2 の大きい方を用いる、という考え方である。速度が高い場合にはカントによる傾きの角速度を制限するという合理的な考えで、緩和曲線を長くする必要が生じるのである。その例としては

$L_2 \geqq 0.008CV$　[1067mm 軌間]

などがある。これは、L_1 が $0.8C$ と比較的長めにとってある場合には、V が100km/hまでは L_1 の方が大きいからこちらを採り、V が100km/hを超えれば緩和曲線長を V に比例して伸ばすことになる。仮に L_1 が $0.4C$ と短めの場合には V が50km/hを超えれば V に比例して伸ばすことになって合理的な考え方である。

これに対してカントが不十分な既存のレールのまま381系振子電車のような車体傾斜車両を用いれば高速化できる、という説に対応した第三の議論が出てきてしまった。その例としては、従来の L_1、L_2 の大きい方を緩和曲線長にする、という議論に第三の L_3 を導入して、L_1、L_2、L_3 のうち一番大きいものを用いる、

というものである。例えば、

$L_3 \geq k\ Cd\ V$ ｛1067mm 軌間｝

として、

$L_3 \geq 0.009\ Cd\ V$

とするものなどである。

　これは、交差点を曲がる路面電車にはカントが付けられないから、本来付けたいカントの量がそのままカント不足量となり、本来付けるべきカントに対応した角度を車両側で実現する場合、と解釈すれば一応尤もらしい説明にはなる。しかし、これを含めて物理的に納得できる説明は鉄道土木工学の専門書でもされていない。現実には大きなカントを付けた上でそれ以上に傾けて高速運転を実現したいというニーズへの説明にはなっていない。上記の式 Cd を $(C + Cd)$ に変えればもう少し物理的に意味のある説明ができようが、これも見たことがない。

　この L_3 に関してはこれ以上言及せず、現実に緩和曲線が短い路線では車体傾斜制御式車両では乗り心地上の問題が多発している事実のみを記すにとどめたい。

(3) 緩和曲線を伸ばすことはかなり困難であること

　既存の円曲線の部分の R は変更せずにカントを増すために緩和曲線を長くする、とはどういうことかを論じる必要がある。緩和曲線とはカントを付けるために曲率が少しずつ変化する曲線である。カントがなく、円曲線と直線とがそのまま繋がっているのと比較すると、前後の直線部分の交角を一定とすれば、つまり結局その曲線で曲がる角度が同じなら、緩和曲線を長くすれば直線の位置が動き、直線部分の位置が変わらないとすれば、円曲線の

中心が曲線の内側に動くことになる（図5-7）。

　もともと川沿いの路線など、地形の制約から急曲線になった場合、緩和曲線を伸ばすためには、円曲線の位置を内側にずらすか、直線との取り付け部分に新たな緩いS字状の曲線で元の直線と繋がなければならず、一部にでも横方向に動かすことのできないトンネルや橋梁などがあれば、トンネルを掘り直したり、橋を架け直したりという、莫大な工事費がかかって現実的ではなくなる。

　円曲線はそのままのRで、カントを増しさえすれば高速化ができる、と車体傾斜車両の導入時には安易に考えていた節があるが、これは、車両側での緩和曲線に対する理解不足によるものだったのである。

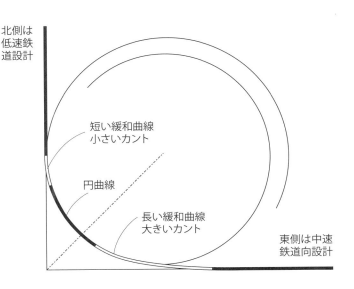

図5-7　線路の移動が必要となる説明

主要な区間を 160km/h で走行する路線に、例外的にその半分の 80km/h でしか走れない短い場所があれば、列車の加減速性能にも依存するが、1箇所あたり 0.5 分程度余計に時間がかかる計算になる。所要時間で見れば許容範囲かと思われるが、その陰で列車は一旦運動エネルギーの 3/4 を失った上で、再びそれを加速によって取り戻さなければならず、エネルギー的にはむしろ停車駅を一つ増やした場合に近いのである。

5.3 改良が困難な区間へのバイパス線等の建設

5.3.1 改良が困難な区間とは

直接的には急な曲線が多くあって、これを緩い曲線に付け替えたり、緩和曲線を大幅に延長することが困難な場所ということになるが、前項で述べたように、しばしば減速と加速を繰り返すことが必要になる場合もこれに該当しよう。

具体的には、$R \leqq 400m$ の曲線が多数あるところでは既存路線の改良は絶望的、$R \geqq 600m$ の曲線がごく少数あるレベルなら、緩和曲線の延長で可能性があり、主要な曲線が $R \geqq 800m$ ならば可能性は高い、と見るべきであろう。

残念ながら地形上このような路線は日本にもスイスにも多くはなく、開業済か建設中の新幹線との並行区間を除くと、常磐線、近鉄名古屋線、函館本線（札幌－旭川）、室蘭線のような比較的少数の路線が該当しよう。

例外的なケースとしては、蒸気鉄道から電気鉄道に変わり、分散動力車のみが走るようになった区間では、勾配を増した地表のショートカットが可能な区間もあろう。例えば磐越西線の翁島（標

高約 540m）と東長原（同 290m）は直線距離で約 5.6km 程度で、勾配を緩くするために大幅な迂回をして 16.1km にしているが、50‰程度が使えれば、迂回しないで済むし、市街地でもないので用地の取得も容易だろう。

これら少数の例以外の多くの線はどうするか？　スイスやスペインの例を引きながら考えてみたい。

5.3.2　市街地に多数の踏切がある場合

鉄道が公共交通の主役だった時代には町は鉄道駅の周りに発展したから、必然的に踏切が多くなっている。大都市ではこの状況を改善するために、日本では主として鉄道を高架化することによる連続立体交差化が完成しているところもあるが、これは決して多くはなく、建設のペースも遅々としている。

特定少数の踏切なら 6 章に述べるようにこれが大きな障害にならないような新技術が既にあるのだが、多数の踏切が残っている都市部ではそうもいかない。

スイスやスペインにもこのような区間が多くあって、高架線ではなく、地下と地表を使い分けつつ、別線としてのバイパスを設けている事例が多く見られる手法である。もちろん、日本と欧州とでは地質や地下水位には大きな違いがあるから、日本も欧州並みにせよと主張しているわけではなく、建設費や交通騒音問題に加えて、電柱の地中化とも相通じる都市美観問題なども総合的に勘案して、有力な選択肢の一つに加えるべきことを主張しているのである。

5.3.3 山越えの区間

　トンネルを主として人力で掘っていた時代には、トンネル工事が開通を遅らせる主要因だったので、山越えの区間ではできるだけトンネルを短くする観点から標高の低い位置に長いトンネルを掘るのではなく、勾配制限ギリギリの急勾配の路線でなるべく高いところまで登ってから短いトンネルで超える手法が採られてきた。途中には勾配を緩和するための迂回ルートを取ったり、スイッチバックの駅を設けつつ、その間に短いトンネルも多数ある場合が少なくない。このようなルートは車窓からの眺めはよいが、所要時間や走行エネルギーの観点以外に、防災上からも問題が多い場合が少なくない。

　代表例の一つは奥羽本線（山形新幹線）の福島－米沢間に見られ、福島盆地の外れ標高約 130m の庭坂を越えると線路は上りになり、約 14km 先の板谷で約 530m、更に 3km 先の峠で約 600m に達し、そこからは下りに転じて 4km 先の大沢で約 470m、更に 6km 下った関根で約 300m になり、米沢盆地（約 240m）に降りてくる。幹線としては例外的な最急勾配 33‰（短い 40‰ も）の区間でもあり、機関車牽引の時代には多くのスイッチバックの駅もあった。気象条件による運休が非常に多い路線でもある。「山形新幹線」としてのこの区間は最重要区間であって、東北新幹線の 10 両編成に併結できる 20m 車の 7 両編成を使っても、1 時間に 1 往復の定期列車だけでは運びきれないため、臨時列車を含めて毎時 2 往復が設定されている。

　一方、この区間のローカル列車は朝、昼、夜各 2 往復しかなく、峠以外の 2 駅は冬期は全列車通過となっている。福島－関根間は

低速運転での線路容量確保のために複線化されていて、もともとは単線だったために単線トンネルを追加したり、旧トンネルを放棄したりなどもあって、トンネル数は単線トンネルで30にも達し、電車化により旧スイッチバックは不要になっている。大きな山脈を越える区間でもないので、最長のトンネルでも長さは2.1km程度である。このような区間は、標高の低い場所を長いトンネルで一気に結ぶベーストンネル方式にするのが最適な例である。

具体的には庭坂と関根の駅間約28kmをほぼ直線で結ぶ24kmのトンネルにし、最高地点の標高600mを300m程度に下げることである。トンネル内を平均速度160km/hで走れば9分で抜け、今のダイヤなら単線で十分である。東北新幹線のダイヤに制約を与えたくないなら、トンネル内に走行しながら列車交換のできる設備として、3km弱の部分複線区間を設け、既に国内に2箇所ある38番分岐器を両開きとしてトンネル内の降雪のない場所に用いれば、ダイヤの自由度も大幅に増すことができる。

この手法は、分岐器に上下の列車がほぼ同時に進入するように精度の高い運行管理を併用することで、スイスでは広く実用化されている。もちろん、分岐器進入時点では進出側の出発信号（車内信号になる公算が大きいが、説明上は地上信号機として記述）は停止現示であるから、そのパターンで出発信号機の手前で停止できるのである。

ブレーキを掛けるタイミングの直前に両方の出発信号が進行現示になるように運行管理を行うから、通常時には遅れがなく、異常時にはどちらか一方の列車は所要時間が増すものの、保安上の

問題はない。

　仮にこの案が実現すると、スイスでは起きない別の問題、「並行在来線もどき」の問題が日本では起きかねないが、これに関しては次項で改めて論じる。

5.3.4　線路の付け替えによって新たな「並行在来線問題」が起きないか？

　実はスイスではなく日本でこのようなバイパス線を建設する場合の大きな問題が、「平行在来線もどき」の不安である。

　具体的に述べよう。奥羽本線の福島［庭坂］－米沢［関根］間にベーストンネルを造る場合についてである。

　『山形新幹線』の列車が毎時1～2往復走る中で、ローカル列車は今でも一日に6往復しかなく、ベーストンネルでバイパスされる庭坂－関根に挟まれた板谷、峠、大沢の3駅は廃止されて、山越えのルート自体が廃線になる公算が大きいのである。

　冬期も列車が停車している峠駅に関して言えば、今でも経済活動をしているのは、駅近くの力餅などを製造販売している年中無休の峠の茶屋（峠駅での力餅の立売りを120年余り続けている）と、駅から数キロ離れた滑川温泉、その近くから更に数キロ奥に入った姥湯温泉の2軒の温泉宿（いずれも降雪期には冬期休業）だけである。しかも、峠駅までは福島や米沢からの、冬でも除雪されるような普通の意味でのまともな道路はなく、今でもローカル列車が維持されている理由にもなっている。春から秋までの良いシーズンには2軒の温泉を訪ねる客も多く、時には地元の生徒の団体などでローカル列車が大混雑することすらある。

国鉄から民営の事業になった日本の JR や、もともと民営だった鉄道の特殊性から、公共交通としての位置づけが確立されている欧州の鉄道との違いは、技術の問題を離れた別の問題も抱えているのである。峠駅関連の公共交通確保という政治問題には本書としては立ち入らないが、スイスではこのような例でも旧ルートは活かして活用している、という事実だけは述べておきたい。

5.3.5 チューリッヒ中央駅付近の具体的事例紹介

スイス最大の都市チューリッヒ中央駅［Zürich-hauptbahnhof、以下 HB 駅］はチューリッヒ湖から流れ出る Limmat 川が始まったばかりの川を目の前にした地点の地上の行止り駅として 19 世紀の中頃に建設された。今の地上の 3-18 番線がその後拡張された古くからのものである。多数の行き止まりの線群を持つ駅は利用者から見ても運営者から見ても使い勝手が悪いことは、全世界で 20 世紀には認識されていた。

日本でも新橋（東京）から南に延びていた東海道線と、上野から北に延びていた東北線のそれぞれ行止り駅を直通化する事業は 1920 年代に着手し、1925 年には山手線の環状運転が始まり、1960 年代には東京駅から仙台青森方面の特急列車等も走るようになり、その後 1980 年頃には東北新幹線の東京駅乗り入れ工事でこの線が一旦切られてしまったが、2015 年には途絶えていた列車線［上野東京ライン］が復活して今日に至っている。

スイスでは 1982 年に国を挙げて全公共交通の乗換を便利にするネットワークダイヤ Taktfahrplan の導入を開始して以来、Bahn2000 計画、Alptransit 計画、Bahn2030 計画などの長期計画

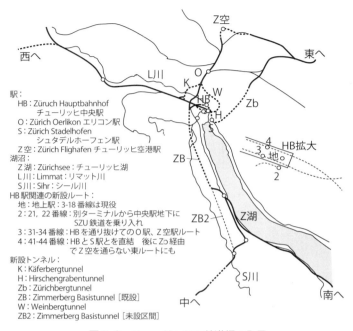

図 5-8　チューリッヒの鉄道網の発展

で公共交通の利便性向上に継続的に取り組んでいる。

　線形改良等に浅い地下トンネルを活用し、これを大工事を含めて長期に亘って実行している事例の一つがこのチューリッヒとその近郊の例なので、わが国にも大変参考になる事例として紹介したい。

[1] 空港への直結と東西方向直通化の改善

①国内の他の大都市、ジュネーヴ、Basel、ベルン、ローザンヌから最大都市チューリッヒを結ぶ西からの幹線ルートの列車を中央駅（HB）で折り返して北と東の大都市 St.Gallen,

Winterthur 等に向かわせる東幹線の容量を増し、所要時間を縮める目的で 2.1km の Käferbergtunnel を Oerlikon との間に 1969 年に建設開業した。

②国内最大の空港 Zürich Flughafen を 1980 年に開業するに際して Winterthur に向かう線を地下線として分岐して空港駅の直下に引き込んで直通化した。

③ Limmat 川と湖対岸の Stadelhofen には行き止まりの HB 駅に地下ルート（現在の地下 41-44 番線）を建設しこれを 2.1km の Hirschengrabentunnel で Stadelhofen 駅に直行できるようにして 1989 に開業した。それまでは HB から西へ 180°回って橋梁で Limmat 川を渡り更に 90°回って地下に潜っていた。

④川底ルートで Stadelhofen に達した後、空港を通らずに東に向かうルートとして 5.0km の Zürichbergtunnel を 1990 年に開業し Settbach に繋いだ。

⑤西方向から HB に入る幹線をそのまま通り抜けて空港にも行けるルートとして第二の Limmat 川底トンネルとして 4.8km の Weinbergtunnel を 2014 年に開業して、東西直通化が完成した（現在の HB 地下 31-34 番線）。

[2] 近郊私鉄 SZU 鉄道の HB への乗り入れ

⑥以前は HB 西南の Sihl 川沿いの独立した地上の行止駅だった Selnau を川底駅にした上で、HB に 1990 年に乗り入れた（現在の地下 21, 22 番線）。

[3] Luzern 方面の所要時間短縮

⑦19 世紀の Zimmerbergtunnel（1897）は 2.0km 弱の単線トンネルで現在も使われている。

⑧HB から南に進む幹線の輸送力増強に合わせて所要時間の短縮も図るための長期計画の第一段階で Thalwil までの複線トンネル Zimmerberg-basistunnel ZBT1（第 1 期 9.4km）で 2003 年に開業し、トンネル内で分岐して Thalwil に直行する現行のルートである。

⑨ZBT2（第 2 期）計画で Thalwil へのトンネル内の分岐点から直線で南方に Zug 北方の Litti まで伸ばす計画で、こちらは Alptransit 計画の一環で 2030 年代に開業する予定である。

⑩ ⑨の完成に合わせて図外の大都市 Luzern へも大きく迂回して湖西岸の行止りの現駅に入るルートではなく、湖の底をトンネルで通る短絡ルートになる予定である。

このように長期に亘って、利用目的に合わせた施設の増強が①～⑧のようになされてきたが、廃止されたのは、③関連の大回りする旧ルートだけで、それも、廃止された駅は新たな路面電車のルートなどとして以前よりも便利になっている。

スイスに限らず、都市機能の装置として位置づけられている線路や駅は公共事業として、交通利用者の負担ではない形で作られ、保守されているのが欧州各国共通のルールなのである。

5.4　分岐器とレール

前節までで中速鉄道化への要点は述べたが、日本の鉄道には国内ではあまり意識されずに大きな弱点になっているものが少なくとも二つある。

一つは国鉄・JR の分岐器であり、不必要に標準化してしまったために、駅構内での速度制限が異常に低くなったり、JR 特有

の2面3線駅では中線に入るルートがいかにも不自然なカーブを描くことになる。近鉄の京都駅にはきれいな曲線分岐器があるが、JRの御茶ノ水駅にあった曲線分岐を廃止してから目立って乗り心地が悪くなった。

　高速で通過する列車が多い駅では1線は直線(*)にすべきであり、これに対応した信号システムについては、次節で述べる。

　大駅構内では、スリップスイッチを多用することで欧州では乗り心地を確保しつつ、所要時間を短縮しているが、日本ではくねくねと走るために所要時間が増してしまう。

　もし標準化したいのなら、大きな番数の両開きとスリップスイッチを推奨すべきであるし、地形に応じた非標準の分岐も忌避しない必要がある。

　もう一つの日本の弱点は、今でも定尺レール、ロングレールと

図5-9　多線を横切る場合の世界標準の分岐器

* これを1線スルーと英語国民には通じない表現がされることがあるが、曲線側の線路も通過が可能なら2線ともスルーであるから用語として誤りである。

図 5-10　京王線のノーズ可動分岐器（2012.8　飛田給）
臨時列車運転のための配線と住宅地での騒音防止のためのレール継ぎ目のない分岐器

いう言葉に表されているように、継ぎ目が多数残っていることで、分岐部も含めて欧州ではほとんど見られない。

5.5　信号・統合型列車制御システムと踏切問題

　これまでの軌道回路に依存する信号システムは建設にも保守にも費用がかかる割には低機能であり、駅間には軌道回路を必要としない単線区間での駅間1閉塞のシステムは、国鉄が列車交換可能駅の削減をやりすぎて必要なサービスさえできなくなってしまったところが多い。

　この問題をスマートに解決するのが、情報化時代の統合型列車制御システムである。

　従来の安全確保だけの機能を持つ信号ではなく、安全と列車制

御の両方の機能を安く高機能かつ多機能に実現するシステムであり、今後はローカル線や特定の区間に限定せず、中速鉄道を含めた多くの路線に広く用いるべき手法である。

本書は、このシステムの詳細を紹介することが目的ではないが、これに切り替えることで、次章に述べる踏切問題にも、日本に特有の多災害線区でしばしば必要になる臨時徐行運転や、時には複

余話8：統合型列車制御システム

ある路線に関連する列車群の計画から実行までには以下のような段階とそれを安全に行うための仕組みが必要になる。

列車群の運行計画と運行管理［A: 人の意志が含まれる部分］

まず列車群の計画、列車運行図表、いわゆるダイヤを作るには、どのようなルートにどのような列車をどのような順序で走らせるか、その線と関連する他の線とはどのように接続させるか、場合によっては直通させるか、などの計画者や、計画通りに実行できなくなった際の運行管理者の意志が含まれる。

これらの「意志」は具体的には区間毎の列車の順序として示されることになる。

個々の列車に対する進路の構成［B］

たとえば、緩急結合輸送なら、急行Pとそれに相互に接続する各駅停車Qを駅Kで接続させるなら、J駅とK駅との間は列車Qが先でPがそれに続き、K駅とL駅の間では、P列車、Q列車の順になる。この計画に従って、駅KではQ列車を副本線に入れるように分岐器を制御して、Q列車の運転士には副本線に入る場内信号機に進入させる信号を現示する。

このように人の意志を実現するのは分機器の制御、つまり進路の構成であり、これと信号とは矛盾しないように連動が組まれる。この「連動」は今では人が絡まない自動化がなされている。

個々の列車の保安［C］と操縦［D］

こうして計画者の意志を反映した進路制御が出来ても、それだけでは安全ではない。K駅の手前で先を走る列車Qが遅れただけで定時運転の列車Pが追突するようでは実用にならない。つまり、後続列車が追突したりしないように信号［C］があって、現代では操縦者はある確率で信号の見落としなどの誤りを犯すことを前提に、バックアップの装置など［D］も必要

とされている。

このようなシステムは一朝一夕に出来たのではなく、今のシステムは19世紀から21世紀に跨って少しずつ追加されてきたために、大変厄介なものになってしまった。たとえば、赤信号を見たらその手前で止まれ、という一見必ず実行できそうなことも、実はそう単純ではなく、夜中に「赤」を示すライトが点灯できない状況でもその手前で止まらなければならないのが今のルールだ。

このような、一見すると無茶なルールがあるから、操縦者は車種別の動力車操縦免許の他に、路線ごとの資格も必要になるのである。先の無茶なルールには、駅間の信号機の位置も暗記していることで対応しており、同様に駅間の制限速度も全て暗記していなければならない。

もう一つ例を挙げよう。追突を防止するために、走行レールを電気回路として用い、左右の車輪が車軸で繋がっていることを用いて、列車の有無を検知し、その情報を次々に後ろの区間に送って今の信号機の仕組みができている。この区間を閉塞区間と呼び、その区間内のどこかに列車があるとしか判らない。位置をもう少し細かく知ろうとすれば、閉塞区間を細分化して信号の制限速度も多段化したくなる。その結果、装置は非常に複雑で多くなり、建設費も保守費もかさむ。今の技術で言えば、たかが「在線検知」だけのために、である。その仕組みは単純ではあるが、たとえば、電化区間に集電しない気動車列車が入線してきた場合、即座には検知できないことすらあり、これが事故に繋がらないように、わざわざ検知を遅らせるようなことまでしている。

19世紀のしがらみから決別した統合型列車制御システム

長い時間をかけて［A］［B］［C］［D］が個別に発展してきたのを一旦ご破算にして、この全ての機能を21世紀型として実現したのがこれである。

列車の有無の検知は、今の情報社会ならいくらでも方法がある。例えば電波が届かないトンネル内では判らなくなる人工衛星を活用した方法でも、いくつかを組み合わせれば必要な精度は確実・安価に得られる。今の時代、車上でやるべきことも少なくない。災害多発地帯では徐行すべきところも少なくないが、今の地上信号方式では多数で多種の徐行信号を用いると乗務員にとって暗記すべき内容が多すぎ、煩雑で間違いやすくなるとの理由で、長い区間に連続で低速な徐行をかけている区間もJR西日本などには多く見られる。これなどは線路情報を車上に記憶させて速度制御を自動化させればそれだけで所要時間が大幅に短縮できる。

今の車両の多くは、車上に持っている速度パターンに従って減速または停止させる機能は常用しているから、保安が確保される前の踏切に接近したときや、進路がまだ構成されていない駅の場内信号機（これを実際に設

> 置するかどうかは別にして）に接近した場合には自然に適切な場所まで接
> 近して停止する。踏切の制御に関して、3.2 で述べたのは、この統合型列
> 車制御の応用の一例なのである。
>
> 　[A] のために地上の要員は必ず必要だし、車上の要員が狭義の操縦から
> 解放されれば、監視やサービス上の仕事にも役立てることができるし、そ
> もそも高度な専門職であるために高い人件費も非専門職であるサービス要
> 員にして低コスト高サービス化できる。
>
> 　設備費と保守費の観点からは、地上の設備を鉄道専用のものから簡易な
> ものの多重系にすることで低コストで高機能かつ高信頼性のものにできる。
>
> 　　　　　　曽根　悟：鉄道技術との 60 年―民鉄技術の活用と世界への貢献―巻末
> 　　　　　の用語解説「信③これからの運転制御方式の解説」[pp.177-178]．

線区間で今は厳禁の退行運転を行うことで、駅間に長時間にわた
って列車内に閉じこめられるのを回避できるようになる。

5.6　ダイヤに合わせた線路設備

　日本の国鉄・JR は線路設備に合わせて列車ダイヤを作ること
を、建設部門と運転部門とが独立な組織の下で長年行ってきた。

　これの対極にあるのがスイスである。1982 年にラインとして
の列車ダイヤからネットワークとしての列車に限らず、湖船やバ
スも含めた全公共交通のダイヤに切り替えたスイスでは、線区単
位で進めてきた高速化計画もいったんご破算にして、乗換が多く
発生するノード駅での接続を重視して、全利用者の所要時間を短
縮する方向でスピードアップ計画も根本から変更した。

　以前は、線区単位でコストと時間短縮効果とを天秤にかけて効
率の良いスピードアップを進めてきたが、新しい考え方では接続
を良くする効果が大きいので、金のかけ方を根本から変えたので
ある。1982 年時点では幹線には 1 時間に 1 本の列車が走るのを

前提にして、この場合、対向列車とは 1 時間に 2 回すれ違うことになる。乗換駅に到着する列車のすべてが 0 分の直前に到着し、直後に発車すれば短い乗換時間が成立する。駅によってはこの乗換時間が毎時 30 分の直前から直後になる駅もある。

今では、乗客が増加して、1 時間に 2 本が幹線の標準になり、乗換タイムが 0 分と 30 分の駅と、15 分と 45 分の駅とがある。スイスでの最重要区間は、人口が最大の都市チューリッヒと首都ベルンであり、この区間の改善実績については、4 章の余話記事を参照されたい。

ここではほんの少数だけの行き先を紹介したが、ベルンでも他の多数の行き先に接続があり、Zürich HB でも同様である。

このようにしてあるべきダイヤが決まれば、たとえば、乗換駅からのローカル列車は乗換駅に 54 分着 06 分発などと決まり、24 分後、54 分後の 30 分と 00 分に行き違うから、そこが駅なら、行き違いのできる設備が、駅間ならその前後の短い区間だけを部分複線にして、走りながらすれ違いをすれば、日本の単線区間でよく遭遇する対向列車待ちの無駄な時間も省けるのである。

この原則は、低速列車でも高速列車でも同じだから中速鉄道にもそのまま当てはまることは言うまでもない。

第 6 章 踏切問題

　踏切があることが、法規上の制約になるのは、2.7 で示したように、中速鉄道の中でも 160km/h 以上のものであって、当面の中速鉄道化の中心になるであろう 130km/h 〜 160km/h のものについては少なくとも「法的制約」ではない。

　更に、3 章で述べたように、新しい統合型列車制御方式では、踏切の手前で停車する速度パターンで全ての列車が踏切に接近し、ブレーキを掛けなければならないタイミングの直前に踏切の遮断が完了していて、かつ踏切内にエンスト・脱輪などでトリコになっている障害物がないことが確認されているから、列車速度が高くなっても、現状よりも安全になることはあっても危険になることはない、という意味での「現状非悪化」の安全基準の原則に照らせばこの新信号システムの採用で「踏切問題は解決」ということにもなる。

　しかし、低速鉄道である『山形新幹線』では踏切事故も、踏切でない場所での、いわゆる勝手踏切での『踏切事故』も発生していて、踏切の多い日本の在来の鉄道ではこの問題は避けて通れない厄介な問題でもあるのである。

　その意味で、特にこの章を設けることにした。

6.1　踏切問題とは

　記憶に新しい 2019 年 9 月 5 日に京急の神奈川新町で発生したトラックとの衝突事故はこの統合型列車制御システムの下でなら

発生しなかった。この衝突事故は、踏切付近の狭い道に迷い込んだ大型トラックが道路を曲がりきれない状況で踏切に進入、青砥発三崎口行き8両編成の快特列車がこの区間の最高速度120km/h程度で踏切に接近し、衝突48秒前に警報開始、同44秒前に障害物検知装置がトラックを検知した結果、特殊信号発光機（特発）が赤色の点滅を始めたが、どこからこれが見えるか、見たらどのようにブレーキを掛けるか、等は一律には決めがたい事情（このことは6.3で論じる）もあって、結果的に衝突に至ってしまったものである。新システムの下で運転していたなら、この事故は発生しなかったことは明白なのだが、踏切問題はこのシステムさえあれば解消と言えるほどには単純ではない。

　本来、今のルールでは基本的に踏切はあってはならないものとなっているのに、過去の踏切除却の努力がイギリスなど多くの国と比べて大幅に遅れているわが国ではまだまだ多くの踏切が残っていて、「現状非悪化」のレベルで本当に安心できるのか、という疑問に対して、十分な回答ができているとは言えないからである。

　例を挙げれば、以下のようなことがあろう。

・踏切は鉄道用地である。だから鉄道に絶対的な優先通行権がある。とはいえ、いまでも1時間に40分以上開かない時間がある、いわゆる「開かずの踏切」が500カ所以上あり、ここを走る列車が高速化すれば、つまり低速鉄道が中速鉄道になることに伴ってこのカテゴリーの踏切数が増加したり、開かない時間が増減する可能性が高い。低速で接近する列車に対する遮断時間は短縮されるから、増加か減少かは一概には言えないが、かつて

高架化前の O 電鉄がラッシュ時の開かずの踏切対策として通過列車の最高速度を民鉄型高機能の ATS を活用して低下させることで開かずの踏切問題を改善した事実もある。
・開かずの踏切ではなくても、道路側に日常的に自動車／歩行者に大量のボトルネックが発生する踏切も大都市を中心に全国で 500 カ所以上ある。
・遮断完了・安全確認のあとで列車の通過直前か通過中に自動車が踏切に進入した事故も実際に複数回発生した。全遮断時間が短くなればこの種の事故は減り、長くなれば増えるだろうという議論もあるだろう。
・上記のような安全確認後の事故自体の悲惨さは列車速度が高い方が大きいだろう、という議論もあろう。
・中速鉄道の踏切問題は、当然に残っている少数の踏切は全て警報機・遮断機付きの第 1 種踏切のみであることが前提であるが、公式には減少していることになっている警報機も遮断機もない第 4 種踏切の数［約 2600 カ所］の陰で、実は統計には出てこない約 17000 カ所もの「勝手踏切」と呼ばれているものなどが存在しているとも言われている。

表 6-1　踏切関係数の変化（1960 年〜 2021 年）

	備考	1960 年	2021 年
踏切総数	1	71070	32540
遮断機設置踏切率	2	6%	91%
踏切事故件数	3	5482	217

注：1960 年は踏切改良促進法施行の前年
1: 第 1 〜 4 種の合計
2: 第 1 種の比率
3: 年間発生件数

・踏切は一つ一つ特性が異なり、道路の勾配、線路のカント、交差角、見通しなどで類似の事故が多発しがちな踏切もあるから、それぞれに適した対策が必要になる。かつて、今の鉄道電気技

表 6-2　遮断機付き踏切 [1 種] と遮断機なし踏切 [3、4 種] の総数 [2022.3]

事業者形態別	1 種	3 種、4 種の計
JR7 社	18154	1630
大手民鉄	5241	28
＜中速化対象鉄道例＞		
道南いさりび鉄道	41	6
青い森鉄道	68	3
IGR いわて銀河鉄道	54	0
三陸鉄道	40	12
阿武隈急行	7	0
野岩鉄道	4	0
鹿島臨海鉄道	25	8
首都圏新都市鉄道	0	0
伊豆急行	20	24
しなの鉄道	95	9
北越急行	3	0
えちごトキめき鉄道	61	8
あいの風とやま鉄道	129	1
IR いしかわ鉄道	23	0
愛知環状鉄道	1	0
伊勢鉄道	5	0
山陽電気鉄道	165	0
京都丹後鉄道	75	31
智頭急行	3	0
井原鉄道	12	1
土佐くろしお鉄道	21	11
肥薩おれんじ鉄道	132	26

術協会の前身の一つである信号保安協会が、全国の踏切ごとの特性を調査して、要注意踏切多数を抽出した報告書も作ったのだが、近年は踏切ごとの特性に配慮した議論よりも、踏切をなくす方向を目指して、都市計画事業としての連続立体化工事、警報機・遮断機付きの1種にすることと4種踏切を廃止することを目指しているものの、いずれも予算不足などで行き詰まりを見せている。

いずれ鉄道から踏切はなくさなければならないことは自明なのに、すぐに達成できない現実をふまえて次節以降で更に論じることにしよう。

6.2 日本の踏切の現状

日本の鉄道の踏切問題は、欧米の鉄道先進国に比べて大きく遅れている。イギリスでは蒸気機関車の時代である1863年にロンドンで今の地下鉄の元祖ともいえる道路とは交差しない路線が造られた。これは、地下に掘割を作り、煙抜きのために一部を残して蓋をしたもので、この手法はその後多くの都市部の幹線鉄道にも応用された。筆者が長期滞在していた1974-75年の時点で25万分の一地図上に全ての踏切が目立つ赤色の×印で描かれていたが、幹線にはこれはほとんど見られなかった。そもそも半世紀前の英国の地図では、道路と鉄道との交差部分は道路が上か、線路が上かが一目でわかる表示になっていて、踏切という例外には上記のような目立つ表現がされていた。

他の大都市との踏切数の比較の一例を表6-3に示すが、例えば人口［約1000万］や面積［約600km^2］が東京23区に匹敵す

表 6-3　東京 23 区と海外の主要都市との踏切数の比較（2014 年度末時点）

都市	東京 23 区	ニューヨーク	ロンドン	ベルリン	パリ※)	ソウル
踏切数（箇所）	620	48	13	46	7	16
人口（万人）	914	841	831	338	225	1,001
面積（km^2）	623	1,214	1,572	892	620	605

出典：https://www.mlit.go.jp/road/sisaku/fumikiri/fu_01.html
※) パリ市及び周辺 3 県

るお隣韓国のソウル市と比べても、東京 23 区の 620 に対してソウルは 16 と大差を付けられている。

　このような中で、必要な路線を中速鉄道化するに際しては、狭義の踏切安全対策としての「現状非悪化」だけでは済まない点が少なくないのである。

　そもそも踏切（正式には「踏切道」と呼ぶ）とは、道路法上の道路と鉄道線路とが平面交差している箇所のことで、道路法上の道路ではない、鉄道駅の構内踏切、私道や農道を線路が横切っている箇所、かつて踏切であった道路部分を廃止した箇所（これが廃止したにもかかわらず現実には使われているケースが狭義の『勝手踏切』である）、などは踏切数には数えられていない。このように道路として公認されていない箇所を住民などが通路として利用してきたところは多数あり、中には牧場の中に線路を通した結果、時には牛や馬が線路を横切ることもある。このように実に多様な平面交差の一部しか公式の統計には現れないことにも注意が必要である。

　このような例を筆者が住む成田線［我孫子－成田間 32.9km の通称我孫子線、現在の最高速度は 95km/h、全線単線、全駅交換可能駅］の例で具体的に述べてみよう。この線は千葉支社に属し、

成田から我孫子に向かうのが下りであるが、実質的には常磐線の支線であって、上野から我孫子で分岐して成田に向かうのが下り扱いになっていて、今では車両も全て松戸車両センター所属のE231系電車である。

かつては成田空港建設のために貨物列車も走り、成田山新勝寺への臨時列車も多く運転されたため、信号設備のレベルは高く、1970年には駅間が複数の閉塞区間に分かれる単線自動閉塞CTC化され、1973年には電化されている。この時点で東我孫子駅と新木駅は無人駅であったため、踏切関連の話題も豊富である。東我孫子駅には踏切数に数えられない構内踏切が今でも存在し、歩行者は入場券を買うことなく駅を南北に横切ることができる。

新木駅は輸送力増強のために1958年に開設された駅で、北側（1番線）が直線、南側の分岐側の線（2番線）とも、両方向に出発可能で、時には臨時列車等による待避や折り返しも行われる（図6.1）。電化以前から長大編成の列車も運行されていたこともあり、島式ホームの有効長は同線の他の駅も含めて10両分ある。駅建設当時は住民のほとんどが駅の北側に居住していたため、いかにも国鉄らしく、空き地が入手しやすいホームの南西側に小さな駅舎を造って正規のルートはホーム西端から構内踏切で2番線を越えて、駅舎から外に出て、駅西の本来の踏切を渡って居住する線路の北側に至るルートであった。しかし、この正規のルートの利用者はほとんどなく、大部分の北側の住民は、当時の列車ホーム（レール面から920mmの高さ）の中央から線路に飛び降りて、かつての『勝手踏切』［A］を通り、乗車の際はホームの東端の『勝手踏切＋勝手踏台』［B］から乗車していた。北側の住民のうち

西側の居住者は正規のルート［C］を通ったり、構内踏切と正規の踏切を二度渡る代わりに線路を歩いて直接踏切に出る［D］人も少なくなかった。

さすがに C を除く大部分の利用者が「勝手ルート」を通るのは放置できないとして、1979 年にはホーム中央から跨線橋で北側に抜けるルートが完成し、併せて A, B のルートを高い柵で閉鎖した結果、西側の居住者が利用する D 以外の勝手ルートは実質的になくなった。その後南側の宅地やスーパーなどの開発による乗客の増加で、1998 年には委託による昼間時の有人化を経て

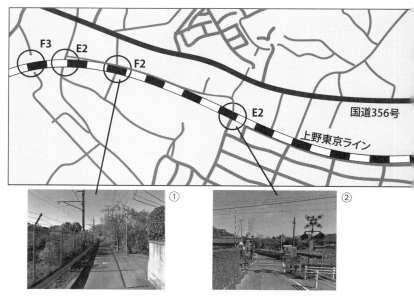

図 6-1　新木駅付近の踏切の変遷

E は第 1 種踏切になっていて、E1 のように自動車が安心してすれ違いの出来るもの、E2 のような普通のもの、E3 のような自転車以外の車両が通れないものがある。廃止されたものには、元か

2001年には跨線橋から南に出ることを可能とした。その後、ほとんど利用されない西口を閉鎖、2016年にはエレベータ、エスカレータが完備されているから、「勝手踏切」等は解消しているが、今でも地図からはその痕跡が読み取れる。

　この地図は国土交通省の関係組織の一つである国土地理院の地図をもとに上記のA～Dの記号や、地図上からは判読不能な実際の姿、つまりかつての4種踏切が今どうなっているか、具体的には警報機・遮断機付きの1種、それも自動車がすれ違えるものもあれば、道路幅は十分あるのに自転車以外の車両が通れないも

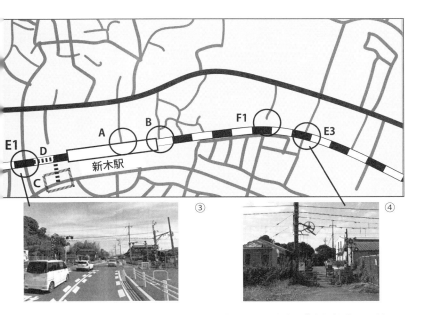

ら踏切ではなかった、ときどき馬が飼い主に伴われて横切っていた当時の『勝手踏切』F1、柵で完全にふさがれたF2、道自体がなくなったF3など多様で、このレベルの地図でさえ見分けが付かない。

のまで写真で示し、閉鎖されて柵が作られ、「勝手踏切」でもなくなったものなども示している。この図の範囲外ではあるが、警報機のみの3種、4種のまま等を書き加えないと、現状が読み取れないこと自体が半世紀前のイギリスと比べて日本の踏切の後進性を如実に表しているのである。

6.3 これまでの踏切制御の基本

警報機・遮断機付きの比較的レベルの高い障害物検知付き踏切制御の基本は以下の通りである。

列車が踏切に接近［1］すると踏切が警報音［2］などで警報を開始［3］する。既に踏切に進入し始めた自動車はそのまま踏切を通過し、止まれる自動車は踏切の手前で停止する。歩行者も既に渡り始めている場合はそのまま渡る［4］。警報開始後［5］に自動車の進入側（日本は左側通行なので踏切に向かって左側）の遮断機が降り始め、踏切の長さ（線路の数に応じて決まる道路の長さ）に応じて歩行者の歩行時間に対応する時間［6］後に出口側の遮断機が降り始め、その後遮断が完了［7］する。この間、踏切の範囲に自動車などの障害物が取り残されていないことを確認し、もし障害物があればその間、つまり無事に通り過ぎてなくなるまで［8］、または踏切の異常を知らせる非常ボタン「踏切支障報知装置」が押されたら、接近する列車に停止させる信号としての特殊信号発光機（特発）などで列車に知らせる［9］。遮断完了時までには障害物が残っていてもその後抜けることも多いため、特発が直接列車の非常ブレーキには連動させていないケースが多い。遮断が完了し、障害物がなくなれば［10］、その踏切は

安全と見なされ、接近した列車は安全に踏切を通過する［11］ことができる。

　通常の複線区間の踏切は、踏切の長さは12m程度であり、単線ならば8m程度である。警報開始［3］から遮断完了［7］までは10秒以上、遮断完了［7］から列車先頭の通過［12］までは15秒以上というルールもある。なお、単線区間でも列車がどちらから来るかの表示もされることが多い。

　複々線などの長い踏切では歩行者の渡りきるまでの時間が長くなるから、［3］から［7］までの時間は当然長くなる。

　さて、仮に列車の接近から踏切通過までの速度が変化しないと仮定して、これらの制御の時間との関係を論じてみよう。最初に引き合いに出した、実際にトラックとの衝突事故が発生した京急の例では最高速度が120km/hの区間だったので、120km/hの場合を論じ、低速列車として60km/h、30km/hの二つのケースを追加で論じてみよう。まず警報時間を短く、つまり［3］から［7］までを10秒、［7］から［11］までを15秒、つまり［3］から［11］までを25秒とすれば、警報開始［3］の位置は踏切の手前833mの地点になるが遮断が完了した時点で障害物が残っていた場合には、つまり［7］の直後に［8］または［9］が発生した場合でも、［7］から［11］までが15秒では、既にブレーキ距離より短い位置である踏切手前500mに接近しているので停まりきれない。そこで［7］の直後に障害物が残っていた場合には直ちにブレーキを掛けて踏切の手前に停車させるとして［3］から［9］までを18秒程度と仮定すれば停まれる計算になる。ここでは最高速度からのブレーキ距離を600mと仮定している。現実のブレーキ性

能では最高速度130km/hまではこの距離で確実に停車でき、元気な頃のJR北海道では140km/hまでならこの距離で止まれることを確認していた。これで警報開始から列車の通過までを推奨される30秒程度にすることが可能になる

しかし、警報開始地点を120km/hで走行する列車に対して固定し、この線を走る半分の速度60km/hの列車にも適用すると、警報開始から通過までの時間は約1分に、さらにこの間に停車駅が挟まるなどして平均速度が30km/hに低下すると約2分にもなって、開かずの踏切になりかねない。そこで大手民鉄で広く用いられている列車選別によって、停車列車と通過列車とで警報開始点を替えたり、列車選別に加えて、ラッシュ時の通過列車は高速運転ができないように規制を掛けて特別の警報開始点に切り替えたりという工夫もされてきた。

6.4 「問題踏切」の問題例

道路の勾配、線路のカント、交差角、見通しなどさまざまな要因で類似の事故が多発しがちな踏切もある。ここでは二つの典型的な例を具体例として固有名詞を挙げて紹介するが、それ以外にも道路との交差角、見通しの問題などで雪が積もった状態で道路を走ってきた自動車がそのまま線路に進入してしまう例など、問題は多岐に亘っているのである。

京王線は起源が路面電車に近い軌道であったこともあって、曲線が多く、ほとんどの区間が複線であった。この結果、鉄道への進化の過程で多くの複線踏切が生まれ、曲線区間を高速で列車が走るために大きなカントが付けられ、軌間も1067mmよりも広

い 1372mm ということもあって、踏切部分の道路は洗濯板のような状態であった。このような状態の中で、武蔵野台駅の東側にあった飛田給 11 号踏切で 1979 年 10 月 3 日に心配されていた事故が発生した。なお、踏切の名称は起点側の駅名と次駅に向かっての踏切の順番であり、この名称から飛田給駅から 11 個目の踏切を意味している。飛田給から次駅である武蔵野台までの 1.1km の間に 11 個もの踏切があった（立体化、廃止で踏切が減っても名称は変わらない）ことも意味している。事故は重機を載せていたトラックが波板状になった踏切上で積荷の重機を落とし、そこに上り急行列車が衝突して重機を下り線側に押し出したところに下り特急列車が衝突して重機に乗り上げて脱線転覆し、トラック運転手が死亡、列車の乗員・乗客ら 52 名が負傷したものである。

　この事故以前からこの種の事故の発生が強く懸念されていた「問題踏切」の一つに国領 1 号踏切があった。ここは道路側の交通量が飛田給 11 号踏切と比べて格段に多い幹線道路、狛江通り［都道 11 号］との踏切で、類似の小事故が多発していた。このため、八王子や高尾に向かう本線と橋本に向かう相模原線の複線同士が平面で分岐していた調布駅を地下化して分岐を 2012 年に立体化をする工事に際して、地下区間を東に延長してこの「問題踏切」も飛田給 11 号踏切事故の 30 余年後にやっと立体化することになり、懸念は解消したのだが、地下区間は 2.8km にもなった。なお、飛田給 11 号踏切自体はこの地下化区間の西側であり、今でも踏切のままである。

　もう一つの例は、成田線［ここでは我孫子線ではなく、本来の佐倉 – 松岸の線］の滑河駅南方約 1.3km にある県道 103 号江戸

崎下総線との交差踏切だった大菅踏切である。

ここで1992年9月14日16時頃、千葉発佐原行き下り普通1457M列車が65km/h程度の速度で惰行運転中に県道を踏切に向かって急な下り勾配を走行してきた過積載でブレーキが利かない状態の大型ダンプカーが、遮断機が下りていた踏切に進入し、その側面に電車が衝突し、先頭車の前面が大破して列車の運転士が死亡、乗客65名が負傷した。踏切の手前でダンプカーが停まれなかった直接の原因が過積載であったことは明白とはいえ、踏切の手前が下り坂の踏切は実は非常に多数あって、列車が通過中にブレーキの操作ミスで通過中の列車の側面に接触した事故も各所で多数回発生しているのである。ちなみに、折角道路が広いのに、軽車両しか通さないp.105のE3の例（野口踏切）は、線路に向かって下り勾配である上に、電化設備が踏切通行車両の高さ・幅に制約を与えているという意味での問題踏切でもある。

この大菅踏切の場合は、丘陵地から長く急な（8%もの）下り勾配が続くという、より危険な「問題踏切」であったためこの事故をきっかけに道路側では勾配緩和も含めた立体化を進めて、5年後の1998年2月には立体交差になり、電車側では運転室付近にクラッシャブルゾーンを設けて運転士の保護を強化するような新造車の設計に変更することになった。

なお、事故との直接の関係はないが、1979年10月10日の早朝、この大菅踏切付近でレールのジョイントのボルト、枕木の犬釘が抜かれる列車妨害事件と、同日深夜には同じ場所で成田空港へ航空燃料を輸送する貨物列車が襲撃を受けてディーゼル機関車が破壊されるという事件も発生していた。

6.5　都市部での開かずの踏切対策も

そもそも「開かずの踏切」はなぜ発生するのか？

最初にやや乱暴なイメージで説明しよう。従来の鉄道信号方式では列車の運転頻度が高くても、2分に1本程度までしか列車は走ることができない。この場合、警報時間が1分とすれば、残りの1分は道路側の通行が可能になる。ところが複線区間だと、上り列車が通過して踏切が開く頃に下り列車が接近すると開く余地がなくなるかもしれない。

実際の「開かずの踏切」の例では通過列車に対する警報時間を確保するために警報開始地点を定めると、踏切に到着するまでの間に停車駅があれば、停車列車の警報時間が長くなりすぎて、開く時間が短くなるから、民鉄ではこれに対して列車選別によって停車列車と通過列車との警報開始点を変えることで、停車列車に対する長すぎる警報時間を短縮して対処してきた。それでも複線区間では上下列車の時間関係によっては開かずの踏切問題は発生してしまう。情報化社会になって、長く開いていない踏切には輸送にゆとりのある方向、つまり朝は都心に向かう方向が主体なのでその反対方向の列車の運転時刻を僅かに調整することで、積極的に踏切を開く制御も提案されてはいるが、実用例は少ない。

踏切の手前で停止するパターンで列車が接近する統合型列車制御システムを用いれば、上下列車の踏切通過のタイミングもより簡単に精度高く実現できるから、開かずの踏切問題も軽減できることになるが、一方で高速化に伴う本質的な警報時間の延長もあるから、やはりこの問題は一般論では議論が困難である。

この問題の抜本的解決には連続立体化しかない、と言われているが、実は連続立体化自体にも問題はある。先に京王の例を挙げたが、同じく軌道を出自とする別の例を挙げてみたい。

それは京成船橋の例である。元路面電車の常として、京王と同様にカーブも踏切も数多く、京成船橋駅東側の船橋 1 号踏切はいわゆる「開かずの踏切」で、船橋市にとっても大問題だった。これを解消するため 1983 年より海神—京成船橋—大神宮下間 2.5km の高架化工事が都市計画事業として進められ、計画から 23 年の歳月を掛けて 2006 年に線路は高架化された。現在の地図を見ると判るように、京成船橋駅の位置も向きも、高架区間の駅である大神宮駅の曲線もほとんど地上時代と変わっていないのである。

多くの踏切を一気に解消する連続立体化工事は基本的に自治体

図 6.2　京成船橋付近の鉄道路線図

が主体となって行う都市計画事業だから、鉄道の都合だけを考えて実施できるものではないが、このケースは実にまずい例になってしまった。本来なら、船橋駅はJR船橋駅を中心に、北の東武駅、南の京成駅との乗換の便を良くするべきであるし、京成船橋と大神宮下との間に駅がなくなったのなら線路を曲げる必然性はない。鉄道側としての理想案として、例えば実線に示すような案の一つを提案した上で、他の公共施設等とも連携を取って現実的な範囲でもっとまともな都市計画を立てるべきであった。

　このようなことを書いた以上、もっと良い実例も示さざるを得ないだろう。踏切の章から余り逸脱しない範囲で二つの例を示すにとどめる。

　一つは京急蒲田の例である。京急は首都圏で最古の電気鉄道であり、当然のように路面電車の発展系だったから、踏切問題でも首都圏でのワーストケースに近い問題を抱えていた。京急蒲田は本線から空港線が分岐する駅で、地平時代には本線は上下各1線、空港線は単線で駅に乗り入れる姿だった。列車頻度の高い本線の環状8号道路［都道311号］との踏切は代表的な「開かずの踏切」だったし、支線の空港線は本線から半径60mという急カーブで分岐したすぐあとで第一京浜道路（箱根駅伝も走る国道15号）との踏切もあり、この二つが互いに接近していることもあって問題が複雑であった。

　これらの踏切を除去するための都市計画事業は2000年に工事が始まり、京急としてはこの際、長年の懸案事項だった、空港線との品川方面、横浜方面両方の直通を増やすことを可能にし、本線では必要なら緩急接続もできるようにし、更に半径60m（地

上時代に 80m に緩和してはいた）という急曲線の更なる緩和も果たしたい、という欲張った希望をもって臨んだ。つまり、自治体が実施する都市計画事業としての高架化による連続立体化だけではなく、国土交通省の鉄道駅総合改善事業補助も受けて 2012 年に完成した今の姿は、限られた土地の範囲でここまで可能なのか、と言えるレベルになっている。これまでの地平の構造物を高架にしただけでは全く不可能なレベルの機能を、2 階は上り列車用、3 階を下り列車用と分けることでスペースを有効活用し、空港線との接続は隣駅糀谷との間に両渡り分岐を設けて単線 2 本のそれぞれを 2 階、3 階に接続した。横浜方面と空港線との直通はこの駅で折り返しになるから、空港行きは上りホームから、空港発は下りホームに、というわかりにくさは残るものの、懸案の問題はほとんど解消した。本線から空港線の分岐の急曲線は半径 100m にまでは改善したものの、相変わらずの急カーブなので、列車通過時はレールに散水することで騒音と異常摩耗の防止を図っている。

　もう一つは富山の例である。地平駅だった北陸本線の富山駅も北陸新幹線がらみの都市計画で高架化することになった。短いローカル線だった JR の富山港線は JR にとってはお荷物でもあって、高架化に際して持参金付きで、つまり JR にとしては富山港線ホームの改築費分を富山市に提供することで、市としての交通計画に協力することになった。この結果、全部が専用軌道だった富山港線は、駅の近くは新規に路面を走行することになり、ライトレール化に際して途中駅も増やし、終点の岩瀬浜でのバスとの乗り継ぎも便利にして、都市交通としての利便性を高めて乗客を

大幅に増やすことに成功した。北陸線が高架化した今では北側の富山ライトレールと南側の富山地方鉄道の路面電車とを接続した上で、富山地鉄の路線として一貫輸送に進化している。

日本でも知恵を働かせば、欧州のような進歩改善もできるのである。

6.6 災害大国日本に特有の問題

列車運転の保安上、列車は退行運転をしないことが原則になっている[*]。

むやみに退行すれば後続列車に追突されるからである。実際に国鉄末期には惰行運転中に居眠り運転していた貨物列車が上り勾配区間にさしかかって退行し、後続列車が追突した事故も複数回発生していた。

一方、災害大国日本の鉄道では、風速、雨量、橋梁下の水位、積雪や落雪、落石などで先に進めなくなることも珍しくない。退行が出来ない、または非常に困難なために、災害に起因する被害が大きくなる例が多いのである。特に複線区間の踏切が退行運転を妨げている度合いが大きいのである。

列車の退行は同一閉塞区間内での停車位置の微修正などを除いては、手続きが上記の退行禁止の原則のために非常に煩雑である。特に日本の複線区間では駅間では左側通行と決まっているために、退行する列車に対しては、踏切接近時に開いたままになり、

---

* 鉄道に関する技術上の基準を定める省令（列車の退行運転）
 第百四条　列車は、退行運転をしてはならない。ただし、列車が退行する範囲内に後続列車を進入させない措置その他列車の安全な運転に支障を及ぼさない措置を講じた場合は、この限りでない。

通過後は閉じたままになるなど、大変危険な状況になり得るため、踏切ごとに人を配置して踏切警報機の動作を止めたり復帰させるなどの本来は不要な手間がかかってしまう。

　新たな統合型列車制御システムなら、複線区間でも諸外国に多く見られるような双単線〔単線並列〕運転が容易に実施できるから、運行管理センター（OCC）からの制御で比較的容易に退行運転の実施が可能になる。つまり、禁止されている退行運転の実施に関しては、災害が予想される気象条件の下ではあらかじめ退行を予測して、退行列車が戻ってくる駅からは、続行列車は出発させず、先行列車が次の拠点駅などに到着してから続行列車を発車させることなど、実際にはよく行われていることを確実に行う仕組みを組み込んだ上で、人的誤りがここに入らないように、装置で保安を確保すれば、駅間に長時間閉じこめられる問題からは安全上のリスクなしに逃れることができるようになるのである。

第7章　中速鉄道用の車両

　中速鉄道をどのように具体的に実現するか、5章では線路と駅を、6章では線路の一部ではあるが、日本では非常に多く残っている在来鉄道の踏切問題を取り上げ、結果的には、未完成の整備新幹線計画を一旦やめて中速新幹線化に方針を切り替えれば、遥かに安く早く便利なものが造れるし、新幹線計画から外れている区間の多くは130km/h、ブレーキ距離600mにあると誤解されている『壁』が存在しないことが明白になり、容易に所要時間短縮が図れる。その一方で在来鉄道（『山形新幹線』等も当然に含まれる）の内の低レベルな路線では、線路の改良にはかなりの資金が必要になるから、優先順位を定めて計画的に進めることになろう。

　本章では残る主要な要素である車両とそれへの電力供給対策を述べるのであるが、結論を先に言えば、意外なほど容易でコストもかからないのである。まず新規に作る場合も既存車両を流用する場合も比較的容易であることを示そう。

7.1　新規に作る場合

　全く問題がない。高速車と低速車双方の技術があるから必要なレベルで選択・組み合わせるだけである。

　これから造る中速鉄道や中速新幹線は輸送力増強が目的ではないから、車両のサイズは在来線並みでよい。最初200km/h運転用に小さなトンネルと短い上下線間距離で造ってしまったところ

図7-1　デンマークのIC3/IR4
この形状で180km/hまでの走行ができ、通り抜けも可能

を後に高速走行させるために特殊な流線型にした700系以降の先頭形状は全く不要で、中速鉄道用なら、デンマークのIC3/IR4のような先頭形状で十分なのである。

　デンマークは首都コペンハーゲンが島にあって、国内の路線では9両編成の列車を隣の島に航送する際に、3分割して船内の3本のレールに積み、再び9両編成にして走行していた。今では国内のルートの他、隣国スウェーデンとの間にも青函トンネルや瀬戸大橋に匹敵する鉄路が完成しているから航送はしていないが、隣国スウェーデンに行く4両編成の電車IR4も同一形態であることは、無理にこのような形状にしたのではないことを物語っている。

　一見走行抵抗が大きく、すれ違い時のショックが大きそうに見えるが180km/hまでの走行では問題はなく、連結した際は乗客

第 7 章　中速鉄道用の車両

図 7-2　東急の 5000 系（2024.10　東向島）

9000 系までは切妻形状だったが、すれ違い時のショック緩和のためデンマークにならった先頭形状の例

図 7-3　フラットで面積の大きい先頭形状はデンマークの物とは似て非なる空力特性になってしまう E235 系（2024.11　錦糸町）

の通り抜けも容易で、敢えて流線型にする必要がないのである。若干の走行抵抗の増加を我慢すれば、200km/h にも対応可能なのである。

320km/h 走行の E6 系こまちと E5 系はやぶさとの連結部分には１両分以上の無駄部分があって、もちろん通り抜けはできないのだが、高速鉄道と中速鉄道との違いはこの例のように明白なのである。

敢えて補足をすれば、実はこの形状は流体力学的には流線型なのであって、横須賀線にも導入した E235 系の先頭形状とは全く異質の形なのである。

東急電鉄が 9000 系を造った際には最高速度が 100km/h 程度なら走行抵抗は十分に低いから切り妻でよい、との理由だったのだが、筆者が横田社長にお目にかかった際には別の理由で先頭形状の変更をお願いしたのである。それは、すれ違い時やプラットホームを通過する際のショックの問題で、先頭車の角を大きな半径の縁取りをすることで、走行時には正面に空気の流線型の固まりが自然にできて、ショックが軽減できるのである。東急の場合は、3000 系を経て、5000 系で IC3, IR4 の形状に近づいたのである。

本格的な高速車両では困難な、基本編成と付属編成との通り抜けができることは、これからの中速鉄道の活躍分野では大きな利点になる。

7.2　在来路線の改良区間で所要時間短縮を狙う場合

7.2.1　駆動系の基本

ここで必要になる特性は、当然ながら低速鉄道よりも高いスピードで走れることと、新幹線のような常に高速で走れる良い線路ではないから、しばしば加速や減速を素早く行える特性を持つことで、結果的により高いパワーを持つことが必要になる。

第7章　中速鉄道用の車両

　それなら、例えば今の民鉄車両の標準といえる 190kW のモータを新幹線車両の標準といえる 300kW のモータに取り替えるとか、今の電動車が半分の 3M3T の編成から、5M1T に増強するなどの大改造が必要になりそうに思える。

　ところがその必要はほぼないのである。その仕組み、からくりが本書の最大のポイントの一つでもある。

　種明かしをすれば、例えば 150kW のモータに 300kW の能力を発揮して貰えば良いのである。

　出力とは引張力／ブレーキ力とその力を出し得る速度との積であるから、力を2倍にするのではなく、同じ力を2倍の速度で発揮するのなら、モータとしてはトルク（回転力）を増すことなく速度を2倍にすればよく、これはこれまで活用してこなかった過電圧特性を発揮させるだけで可能になるのである。

　昔の直流モータの電車、例えば国鉄の 165 系の 120kW の MT54 は加速時には 120kW のモータとして使われてきたが、ブレーキ時には 250kW 程度の発電機として高速時に大きなパワーのブレーキとして働いていた。つまり、加速時には架線電圧の制約で 375V までの電圧でしか動作しないモータが、発電ブレーキ時には架線電圧とは無関係に 900V 程度までの発電機になって、電流を増すことなく、つまりモータとしての発熱を増やすことなくより大きなパワーを扱うことができていたのである。

　今の交流モータでも同様に[*]過電圧耐量の範囲で電圧を増せ

---

* 実際には整流子という微妙な構成要素がない交流モータでは「同様に」ではなく「それ以上に」と思われるが、具体的データがないのでこのような控えめな表現にした

ばパワーの大きな領域で使えるのだ。

　具体的には、1100V、110A、150kW のモータに 300kW の能力を与えたければ、電圧を半分の 550V、電流を 2 倍の 220A に変更した同寸法、同質量で、結果的にほぼ同価格のものに変更し、インバータだけは従来のと同一の 1100V のままで、電流容量を 2 倍の 220A のものに変更すればよい。インバータは当然大きくなり高価になるが、モータとインバータを合計した質量も価格も 2 倍よりは遥かに低い 1.3 倍程度に収まろう。つまり、加速時にもブレーキ時にももともと持っている過電圧耐量を活用すればよいのである。

　詳細は章末の文献をご覧頂くとして、簡単にそのからくりを示

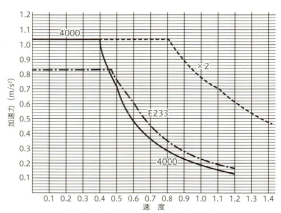

図 7-4　小田急 4000 系、JR E233 系の特性
縦軸は加速度と見て良い。横軸の速度は基準速度［この例では 100km/h］に対する倍数。電源電圧が定格［小田急：1350V、JR：1500V］での特性、縦軸が負のブレーキ特性はこの図では省略している

しておこう。

　従来の標準的な通勤電車の特性を、中速鉄道向きの特性に変える仕組みを図7-4に示す。

　この説明では判りやすいように過電圧耐量として2倍の例で説明したが、この倍率は1～3程度の範囲で最適な数値に選ぶ必要がある。大きく選べば当然にインバータの価格も質量も増すことになり、小さく選べば性能の向上、特に中速域での加減速性能が不十分になる。

　モータには最高回転速度にも制約があり、場合によっては駆動装置の歯数比を若干低下させる必要が生じることもあろうが、これも価格や質量にはほぼ無関係である。歯数比を減らした場合、低速域の加減速性能が低下し、これが電流の増加で対応可能な範囲かどうかは詳細な検討が必要だが、多くの場合は可能と思われる。

　本書では、比較的容易に高出力化が可能、と述べるに止めるが、更に鉄道システム全体に付随的にさまざまな利点もあるので、詳細な議論に関しては、章末に示す参考文献を是非参照されたい。

　一般論は以上のように余りコストを掛けずに中速鉄道の領域で走れる車両にできるのであるが、ここでも相対的に貧弱な線路で高速走行することで目立った所要時間の短縮を実現するためには、更に線路と車両とのバランスが必要になる。

　例えば、従来は最高速度が130km/h程度で表定速度が100km/h程度の例えば常磐線や湖西線のようなところを中速鉄道化して、最高速度を160km/h程度、表定速度を120km/h程度にすることは比較的容易にできようが、中央線のような曲線改良が困難

な場合には最高速度を上げただけでは表定速度の向上には大きな期待ができず、頻繁に加速と減速を繰返すためには実質的により大きなモータに積み替える必要も生じよう。こうして消費エネルギーを増すよりは、車体傾斜により曲線走行速度自体を増す方策がより有効になったり、5章で述べたように地下ルートに切り替えての線路改良の方が有効性が高い場合もあるかもしれない。

このように、路線毎の社会的地形的特性はさまざまなので、条件に応じてシステムの特性をソフト的に合わせる必要が高いのだが、今のハード的には規格化されている車両でも線区特性に合わせる余地は大きく、このことも参考文献には記述されている。

7.2.2 曲線走行速度を高める車体傾斜式車両

5.2.3では曲線走行に伴う制約を線路側から述べたのであるが、カントの量には制約があり、カント不足のままで走らせなければならない場合があることと、いずれにしても緩和曲線長を十分に採ることが乗り心地上必要であることを述べた。

ここではその上で、カント不足量が乗り心地上問題になる場合に、車両側での対策としての車体傾斜制御について述べることにする。

車体傾斜の方式には大別して自然振子式と強制車体傾斜制御式とがある。

自然振子式は回転の中心を重心よりも高い位置にして振子のように自然に傾く方式であり、代表例は1軸連節台車の高い位置で車体を支えるスペインのTalgoの方式であり、スペインの他、米国や中央アジアでもTalgo社製の客車には広く用いられている。

国内でも、近年まで小田急で活躍していた VSE 車は連節台車の特性を利用した自然振子に近い特性で曲線通過時の乗り心地を改善していた。

　日本の国鉄が中央西線に導入し、最近まで JR 西日本の伯備線にも用いられていた 381 系もこの方式である。中央西線では線路はそのままで高速化できるとの触れ込みで導入したものの、乗り心地の問題が続出して結果的には線路の改良に多額の経費を掛けることになり、伯備線でも乗り心地問題は 381 系では最後の 2024 年までついて回った。

　この自然振子式の乗り心地上の問題は、振り遅れ戻り遅れに起因する要素が大きいことを突き止めてこれを解決するために国鉄末期に紀勢線で使われていた 381 系に、自然振子に補助的な制御を追加する「制御付自然振子」にすることで乗り心地問題が大きく改善できることが判り、紀勢線で試験の結果大成功し、普通は試験が終われば取り外すところそのまま使い続けた。補助的な

図 7-5　国内の制御付自然振り子車の例 智頭急行の 7000 系（2012.4）

制御は曲線の情報を車上に記憶しておき、走行位置から曲線に入る直前に振り遅れを補う制御を加え、戻り遅れに対しても同様にして遅れに伴う乗り心地悪化を補償したのである。

この方式を最初に実用化したのはJR四国で、2000系気動車や8000系電車で成功し、この方式は全JRやJR線を走る智頭急行7000系などにも普及し、オーストラリアや台湾にもこの方式の電車が輸出された。

自然振子をベースにした車体傾斜方式には、回転中心を重心よりも高くする必要があり、このために制御の故障などで逆方向に振ってしまうおそれが少ない反面、回転中心が高い位置になるために車体傾斜に際して床が横方向に移動するから、これにより通路歩行に際して足をすくわれるような悪影響があり、車体下部の横移動による車両限界に対処するために車体の下部を絞る必要が生じるという問題もある。

一方の強制車体傾斜制御は古くは小田急や英国のAPTで導入

図7-6　台湾鉄路局のTEMU1000型（2015.11 花蓮）

が試みられたが、1960 〜 1980年頃までの制御技術では信頼性の点で実用化は出来なかった。この方式が実用化されたのは1980年代の後半からで、イタリア、スウェーデン、スイスなどで限定的に実用化された。近年はイタリアのペンドリーノと呼ばれる方式がヨーロッパでは広く普及しているが、イタリアやドイツでは成功したのにスイスでは問題が多発するなど、線路との相性の問題はあり、中国ではペンドリーノの車両（CRH5）を導入したものの、最初から車体傾斜機構は持たずに造られた。

　自然振子に依存しないなら、回転中心を高い位置にする必要はなく、重心の高さにもそれよりも低い位置を回転中心にすることができる。このため、乗り心地上最適な回転中心に選ぶことができるが、結果的に車体上部の横移動が大きくなれば、電気車なら集電装置への影響を考えなければならず、車体上部の横移動に対応して、車体の上部を絞らなければならない。

　さらに、近年世界的に増えている2階建て車両では階下の座席と階上の座席との高さの違いが大きいから、回転中心高さの選定自体が困難になる。

　これらの問題を改善するために、JR北海道では回転中心が比較的高い位置の制御付自然振子と低い位置の空気ばねの制御による強制車体傾斜制御を併用する複合車体傾斜方式のキハ285を造って、これまで不十分だった乗り心地問題の大改善を狙ったのである。しかし、この試作車の完成がちょうど会社ぐるみの不祥事で全ての技術開発をやめた時期と重なってしまい、折角完成した世界で初の複合車体傾斜制御車を試験もせずにスクラップにしてしまったのは、返すがえすも残念なことだった。なお、キハ

285に先駆けて実はキハ283系でも複合車体傾斜制御は用いられていて、運転士などからの評価が高かったのである。

このように車体傾斜制御にはいろいろと問題もあり、一時期は振子式よりも安価ながら効果も限定的な空気ばね式車体傾斜制御に置き換えが流行ったものの、JR四国の2700系気動車で振子式が復活し、JR西日本伯備線の自然振子式381系の置き換えに制御付自然振子の改良版である車上制御型自然振子の273系が、JR東海の成功例だった383系の置き換えにもその改良版385系が導入されるなど、必要なところには続けて導入されている。

今後は、自然振子にはこだわらずに回転中心を適切に選んだ強制車体傾斜制御と、台車の空気バネを用いた補助的な傾斜制御、つまり超過遠心力で車体が外側に傾くのを補償し、その上少し内側に傾かせる方式を併用した複合車体傾斜方式による高速化を目指すのが良さそうである。

なお、制御付き自然振子車導入の先鞭を付けたJR四国が一旦は空気ばね式に軌道修正したかに見えたが、結局制御付き自然振子車に戻った理由は中速鉄道化の議論には大変教訓的である。

空気ばねを用いた車体傾斜制御はもともとある空気ばねに制御機構を追加するだけなので、コストの増加は僅かなのに、曲線をカント設定速度を超える速度で走行する際に超過遠心力によって外傾するのを打ち消した上で1.5度程度内傾させることで、効果としては3度分程度の効果が出る。このため、曲線の数が多くない予讃線では、新製費・保守費共に僅かの負担で振子式に近い効果が出せたのである。

ところが、土讃線のように曲線が連続している路線では、圧縮

空気を使い捨てにするこの方式は使い物にならなかったのである。これまでの日本の方式では、空気という資源はタダでいくらでも使える、という思想で空気バネの圧力を高くするときには圧縮空気を供給し、低くする場合には大気に捨てていた。このため、曲線が連続するような路線では供給が間に合わなくなる。空気圧縮機の容量を増せば良いだけの問題かというと必ずしもそうではない。空気はタダかもしれないが、塵埃や湿度による問題を避けるためのフィルタや水分の排出も必要になる。

　頻繁に動作させるには、使い捨て方式からもっと適した方式、つまり左右の空気ばね間の空気を移動させる機構で制御する、使い捨てをしない方式にすれば良いのである。たとえば、判りやすいのはピストンとそれを動かすアクチュエータだが、ピストンのような摩耗部分のない方法も可能である。多頻度動作でない本来の応荷重制御の部分はもちろん使い捨てで差し支えない。

　なお、日本と同様な山国で曲線が多く、緩和曲線長が十分でないところが目立つスイスでも車体傾斜制御では苦労を重ねている。古くは低重心の Mark III 型客車で強制車体傾斜を試みて失敗、イタリアやドイツでは成功しているペンドリーノ ETR470 を導入したものの S カーブでの乗り心地上のクレームが続発、結局自国産の RABDe500 ICN で定着後、ETR470 は新世代のペンドリーノ ETR610 系に置き換え、ICN の置き換えには本格的な低床連節高速電車「Giruno」という非車体傾斜式電車を用いる方針にした。なお、輸送力の大きい 2 階建て電車である RAB（D）e502 は当初超過遠心力による外傾補償の機構 WAKO（傾き補償の意）を導入することによってベルン-ローザンヌの所要時間 66

分を 60 分にすることでローザンヌでの接続改善というスイス全体のネットワーク改善の要を果たす予定だったが、メーカの技術力が伴わず、数年間の休車期間中に緩和曲線中での 2 階部分の横揺れを乗り心地上の許容限度に納めることに失敗して結局 WAKO の導入自体を諦めてしまったのである。

このことは大変大きな教訓を含んでいる。

SBB（スイス連邦鉄道）の車両技術者に言わせれば、開発中の実験や走行試験では成功したのに実用化出来なかったのは、メーカの技術力の問題として、特に旧東ドイツ Görlitz のプラントの技術力を問題にしているのだが、場合によってはベルン-ローザンヌ路線の曲線、特に緩和曲線の長さや形状に問題があった可能性もあるのでは、と筆者は考えている。

7.3　電力供給と饋電、集電の技術

7.3.1　電力供給

かつての代表的な低速鉄道の通勤電車の一つ国鉄の 103 系は消費エネルギーの大きな車両として良く引き合いに出される気の毒な車両でもあった。営団、今の東京メトロは同じ低速鉄道である千代田線に、抵抗制御をやめて、電力回生ブレーキの使える電機子チョッパ制御の 6000 系を導入して、相互直通運転をしている千代田線と常磐緩行線の同じダイヤで使用して、消費エネルギーを半減した。

当時の国鉄と営団との相互乗り入れの協定では同一目的の車両の場合、国鉄が営団の車両を借りて国鉄線で営業した場合の借料を支払う代わりに営団が国鉄の車両を借りて支払う借料と互いに

相手側を走った車両キロを同一になるようにダイヤと運用を調整することで相殺するルールにしていた。重くて消費エネルギーの大きな103系が千代田線の駅間距離の短いトンネル内を走行する場合と軽い省エネ車6000系が駅間距離の長い常磐緩行線を走る場合の消費エネルギーには大差があるのに、走行距離の調整で実際の支払いはせずに済ませていた。

このやり方は今でも相互乗り入れの一般則なのだが、この顕著なケースではさすがに会計検査院が黙っていられず、後に金銭の補償が必要とされ、国鉄も203系チョッパ制御車に置き換えることになった。

このような顕著な違いが抵抗制御からチョッパ制御やインバータ制御になった際に見られたのだが、消費エネルギーが半分になっても、更に減って4割になっても電鉄用変電所の容量は減らないどころか逆に増えたのである。

なぜ省エネ車が主流になっても変電所の容量が減らないどころか増えたのか？

これがこの節の主題であり、このからくりを逆手にとれば中速鉄道化は安価に達成できる理由にもなるのである。

103系などの抵抗制御車は抵抗による発熱や無駄な消費エネルギーを少しでも減らすべく、抵抗制御をなるべく低速で終わらせて、その速度から上では広い速度域で弱界磁制御を行うことで、加速時には比較的小さな電流を長時間にわたって集電してきた。一方のチョッパ制御やインバータ制御ではブレーキ時の電力回生の能力向上にも期待して、定格速度を高く選んだために、最大集電電流は非省エネの抵抗制御車よりも相当大きくなってしまっ

た。国鉄のような技術部門も含めて縦割組織の組織では、変電部門は最大集電電流に対応した電力供給を目指し、しかも、次節 7.3.2 に述べる饋電システムを回生時代 (*) に合わせることなく従来の電車線電圧の維持を目指したことも手伝って、省エネ車の導入に伴って変電所の容量を増加させて、利用率を低下させることを繰り返してきたのである。

　本書での低速鉄道の中速鉄道化に際しては、車両はモータを大きくすることなく、インバータの容量だけを増加させ、モータの過電圧領域での使用によって必要な能力を高めることが主体になるから、電力供給の分野では従来大幅に低下してきた利用率の向上に加えて、もともと有していながらほとんど活用してこなかった電鉄変電所の短時間過負荷特性を活用することで生み出せることを示すことになる。

　電鉄変電所の短時間過負荷特性とは何か？

　電気鉄道は変動負荷の代表例であり、列車 1 本の動きを見ても停車中は空調や照明のみの軽負荷、加速時には変動しつつも加速のための重負荷、惰行中は停止時と同じ軽負荷、ブレーキ時には最近の車両は回生ブレーキで電源になるから、負荷としてはマイナスの負荷、と変動が大きく、このような列車がダイヤに従って、異なる時間間隔や速度や方向で複雑に重なるから、変電所から見た負荷は不規則に大きく変動することになる。

　これに対応するために、電鉄用変電所の機器は変動負荷に対して、さまざまな対策がなされていて、代表例を挙げれば定格出力

---

* 常用するブレーキが電力回生ブレーキ（ブレーキ時に電力が戻るブレーキ）になった 1990 年代以後のこと

6000kWの直流1500Vの変電所では定格電流4000Aに対して、短時間である1分間以内なら定格の3倍である12000Aに耐えられるように定められている。このために実際の設計では連続定格が6000kW用の変圧器ではなく、1分間の余分の発熱にも耐えられるようなこれよりほんの少し大きな変圧器と、定格の3倍である12000A用の整流器とが組み合わされることになる。この違いは、変圧器のような熱容量の大きな機器にとっては短い1分間の過負荷の大きさと、半導体素子から見た1分間という時間は十分に長いので、実質的に約3倍の設備の組み合わせになっている。

　抵抗制御からチョッパ制御やインバータ制御に変わった際に最大負荷電流が増大したために、変電所容量を増加させた結果、現状の運転ではほとんどの変電所がこの短時間過負荷耐量を全く活用していないのが現状である。

　なぜそのような無駄が生じているのか？

　平均電力が半減したにもかかわらず、ピーク電流が増えたのに応じて容量を増加させた結果なのである。つまり、増加させすぎたのだが、そうなった理由も技術分野の縦割りの弊害なのである。増大したピーク電流に応じて、その列車のパンタグラフの電圧は変電所の特性と饋電回路の抵抗に応じて低下し、それが定時運転確保に影響を及ぼさない範囲に収まるように運転部門が求めた結果として過剰な設備になってしまったのである。

　ここで、最終的な姿を7.3.2（2）で示す前にもう一つの問題である饋電システムの話に移ろう。

7.3.2 饋　電

「饋電」という鉄道用語はなじみがないので、とりあえずは「給電」のことと理解しても良い。

饋電システムとは変電所を含めて実際の列車のパンタグラフまでの電力供給のシステム全体のことである。

わが国の低速鉄道の多くは直流 1500V の饋電システムを用いているので、これの典型的な例である大都市の複線鉄道で説明する。

変電所は鉄道沿線に数 km おきにあり、電力会社から受電した3 相交流を変圧器と整流器で直流にして、上下線それぞれを上り方向と下り方向に分けた 4 方向にスイッチを介して饋電している（図 7-7 上）。電気事故が発生した際はこの 4 方向を区別して饋電停止ができるようにスイッチを設けているが、通常は全てのス

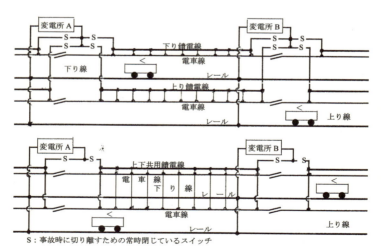

図 7-7　饋電系統の図

イッチが閉じている。両隣の変電所も同様で、つまり、隣の変電所とは並列に饋電しているから、変電所間を走る列車には両方の変電所から位置に応じて負荷電流が供給される。

　整流器は電流の逆流を許さないから、隣接変電所の電圧が違っていても電圧の高い変電所から低い変電所に列車のない時に無駄な電流が流れてしまう恐れはないので、電圧降下を減らし、変電所の有効活用をするためにも並列饋電は有効である。必要があれば、変電所間に饋電区分所を設けてここでも饋電の区分ができるようにすることもある。

　饋電区分は電気系の事故に際して選択的に切り離すためのものであり、正常時は全てがこの地点で接続されている。

（1）今の変電設備は過大な例が多い

　直流 1500V 饋電とは、定格負荷が変電所の場所にある場合にその地点のパンタグラフに定格電圧が供給されるように設計される。変電所の特性が JR の標準的な数値である電圧変動率 8% であるとすると、無負荷時の電圧が 1620V、定格負荷では 1500V であり、定格の 3 倍の電流を供給すると 1260V になり、変電所から離れた場所では更に饋電回路の抵抗で電圧降下が大きくなるから、運転部門が要求しがちな定時運転のための 1200V 確保、という条件が厳しくなる。このため、折角定格の 300% まで短時間なら許容できる特性が活かされることなく、無駄に過大な設備になっているのである。

　では、現状の過大な設備を活かして低速鉄道を中速鉄道に進化させるにはどうすればよいか？

(2) 過大な変電設備の有効活用法

　この方法は実に多様であり、以下のような多くの可能性の中から線区や目的に合うものを選択・組み合わせればよいのである。

　[1] 変電所の電圧変動率を小さくする方法：整流器の電圧変動率は交流電源のリアクタンスによって決まるもので、わざわざ大きく設計されている場合には容易に 8% から 4〜6% にすることはできる。小さくすることで事故電流が過大になる対策は必要だがこれも詳述は避けるが可能である。

　[2] 饋電回路の抵抗を小さくする方法：1500V の直流電化方式は、直流方式では世界で最も広く用いられている 3000V 方式に比べて電圧が半分だから、同じ電力を伝えるのには 2 倍の電流が必要になる。そのため、饋電回路の抵抗による電圧降下の割合は 4 倍になるから、饋電回路の抵抗を減らすことの重要性は非常に大きい。特に以前の発電ブレーキの時代に比べて今の電力回生ブレーキの時代には饋電回路の抵抗を減らす必要性が何重にも増加しているにもかかわらず、饋電回路の抵抗を減らす積極的な努力を怠っている場合がほとんどである。饋電回路の抵抗を減らす最も簡単な方策は電車線と平行に張られている饋電線を増設することであり、当然に初期コストはかさむが、力行時にも回生時にも発生する饋電損失の軽減に加えて、パンタ点電圧の変動が少なくなるための力行特性と回生失効による損失軽減にも役立つので、追加投資分は比較的短期間で元が取れるのである。

　[3] 上下一括饋電化：民鉄では近年多用化されているが、上り線と下り線それぞれに電車線と饋電線を持つ饋電回路を単に並列にするだけでも饋電回路の抵抗による損失は大幅に小さくでき

る（図7-3下）。もともとこの方式は阪急京都線で、京都市内のトンネル区間を除いて採用されていた方式で、トンネル内のような特別な区間に関しては、電気事故に際して一方を活かしながら他方を止める必要があるのだが、一般の区間なら上下線一括饋電で問題はないのである。

　[4] **車両側での対策**：パンタ点電圧が低下すると加速特性は当然に悪くなるが、より一層低下すると車両を保護する目的で停電に準じて車両の機能を停止させる仕組みがある。同様な仕組みは、回生中に電圧が上がりすぎた場合にもあり、これらは低電圧検知、過電圧検知のレベルの設定の問題である。差し支えない範囲で許容幅を増すだけでも改善になるが、今の時代なら設定値の変更だけでなく次項以降のような賢い制御に進むのが当然だろう。

　[5] **列車側での個別対応**：パンタ点電圧が低いのは自列車が集電していることも当然の原因なのだから、集電電流を減らせば電圧低下は少なくなる。以前の抵抗制御の時代には電圧が高くても低くても一定の電流をとるような制御をしていたのだが、今のインバータ制御の時代は電圧が低くなったら電流を増して必要な電力をとるような制御をしがちなので、ますます電圧低下が起きやすくなっている。これを電圧が低いときにも集電電流を増さないようにするとか、逆にある限度を超えて電圧が低下したときには加速のための集電電流分は減らすような制御に変更することも比較的簡単に車両に組み込むことができる。

　[6] **列車群としての総合的対応**：この、[5] の方法を一層進めて列車群全体としての電圧安定化や、無駄なパワーをとらない

ように運行管理から個別の列車に指示してダイヤの安定化と、全体としての省エネ化を一層進めることも今の時代には比較的簡単にできることなのである。ここで「指示する」という意味は、運行管理部門から乗務員に音声等で指示して乗務員が何かを操作することではなく、主として装置間での自動化を前提にしている。

　ダイヤが乱れると、全列車が予定よりも遅れている状態になるから、全列車が回復運転をしようとしがちなのだが、この結果遅れの最大原因の列車も電圧低下の影響で回復運転ができず、その他の列車は回復した分が待ち時間の増加という形で無駄になってしまう。運行管理の中枢であるOCC（Operation Control Center）では行き違いや追い越しに関して発生する無駄時間は精度良く予測できるから、無駄時間がゼロに近づくように到着時刻または駅間の所要時間の調整を各列車の制御装置に指示して結果的に省エネ運転をさせることで、遅れの最大原因の列車に十分なパワーが供給できるようにでき、ダイヤの安定化と全体としての省エネ化がともに図れるのである。

7.3.3　集　　電

　ほとんど問題はないと思われる。

　その根拠は狭小トンネル内でのほくほく線［北越急行］での実績である。ほくほく線はもともと地方の非電化単線鉄道として設計され、トンネルサイズは非電化路線用の狭小なサイズだった。開業が近づいてから北陸新幹線金沢開業時までの繋ぎとしての活用案が浮上して、急遽高規格電化路線に格上げすることになったが、トンネル自体を掘り直すことはしなかったから、高速集電に

は不利な条件下での開業だった。

実際には、160km/h 運転の実現には時間がかかったが、最大の問題は 1500V での大電流の集電ではなく、狭小トンネルでの高速運転に伴う気圧の変化による先頭部の窓などの強度や耳ツンなどの居住性の確認であり、高速走行に際しての狭小トンネルに起因する走行抵抗の増加が予想以上に大きいことがわかったものの、集電自体には大きな問題はなかった。

最近の鉄道では国鉄時代のような集電音の大きな例は影を潜め、カーボン系の摺り板を用いるパンタグラフが増えていて、高速運転用に設計変更する中速鉄道化による集電電流自体の増加は当然に発生するから、確認試験は必要になるものの集電電流が従来よりも大きくなるのは比較的速度が高い場合に限られるので、電車線の温度上昇は全く問題なく、摺り板の温度上昇の確認程度で済むものと思われる。

言い換えれば、接触抵抗が大きいカーボン系の摺板による集電問題は、停車時にはほぼゼロだった集電電流が空調負荷による停車中の集電によって事故に繋がったことによる対策で既に完了していて、高速運転に伴う新規の問題は出ないと考えられているのである。

7.4 信号と運行管理［広義の運転制御］の技術

情報化、デジタルの時代といわれる 21 世紀に入ったにもかかわらず 20 世紀前半から実質的な進歩を止めてしまったかのような一例が、今でも広く使われている鉄道信号の世界に見られる。

これについては、既に線路側の問題として 5 章でも述べている

のだが、地上と車上に跨るシステムの問題としてみることで、大幅な改善がコストを減らしつつ実現できる時代になっている。

　高コストで低機能の例を挙げると、軌道回路を使った信号システムと列車速度の検知がある。

　今の情報化社会なら、速度や位置の検知は多くの方法で安価にとれるから、複数の方法を組み合わせて鉄道の保安に必要なレベルの安全性を持ちながら初期コストも保守コストも大幅に減らした「統合型列車制御システム」の構築が可能になっている。

　当面は地方の路線から導入が始まるとしても、これからの中速鉄道にもほぼそのまま導入できそうなので、むしろ大幅に造り替える中速鉄道からの採用の方がよい、と筆者は考えている。

　従来よりも最高速度を高めた中速鉄道の区間に少数の踏切があっても、確実にその手前に停車できるパターンで走行することで、踏切に脱輪した自動車が停止しているような異常時の保安度を従来よりも高めることが可能であり、災害多発区間の臨時速度制限についても、一律に過大な規制を掛けるのではなく、必要なところにピンポイントで必要な規制を掛けることで、保安度を下げることなく列車の所要時間を短縮、正確に言えば列車の所要時間の増加量を減らすことも可能になる。

　7.3.2 (2) [6] で述べた手法はこの「統合型列車制御システム」の比較的初歩的な応用例に過ぎず、既存の過剰設備を活用する中速鉄道こそ、真っ先にこのシステムの恩恵が受けられるシステムなのである。

7.5　ケーススタディー（1）：庄内中速鉄道化の提案

　この節での記述は『山形新幹線』の有効活用の例として、酒田市からの要請に対して2017年に行った提案の一部である。

　現在の『山形新幹線』にはE3系とE8系が使用されており、前者は東北新幹線内で275km/h運転を、後者は同300km/h運転を可能にするもので、いずれも在来線サイズの7両固定、5M2T編成である。

　提案では、これを3+2+2両の3分割を可能にするもので、かつ、現在のE3とE8系の問題である先頭軸を動軸から従軸に変更する。この際問題になるのは、走行装置の構成と、東北新幹線での高速走行を可能にする流体力学上の形態と、分割可能編成のサービス上の要件、つまり分割編成間の通り抜けの問題であろう。

　提案ではこれらの全てを解決する見通しを得ている。

　図7-8の上は、現在のE3、E8系の編成であり、本来の新幹線車両である左側のE5（E2）系の9、10号車よりも車体幅が狭い分、車高を高くして居住性を改善しているが、新分割編成では、

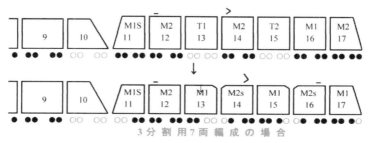

図7-8　E3/E8系を3分割可能にするE8'系の構成

床高も車高も低くしている。分割編成のそれぞれにはパンタグラフが必要になるから、12、16号車にもパンタグラフを設け、東北新幹線では今の12号車のように折りたたんでいる。11-13号車の3両編成は先頭台車を付随台車にし、2両編成は先頭軸のみをモータのない付随軸にすることで、元の5M2Tとほとんど変わらないMT比が実現でき、更にATC用の位置情報を取得する先頭軸は今のE3、E8の先頭が動軸であるための空転、滑走に起因する大問題[*]も併せて解決している。技術的に少し厄介なのは、東北新幹線走行中に14号車のパンタグラフで集電した特別高圧を11-13号車と16、17号車のユニットに伝える特別高圧のケーブルの分割であり、これには若干の技術開発を要すると思われる。

13、14号車間、15、16号車間の通り抜けは、先に述べたデンマークのIC3、IR4の方式がほぼそのまま応用でき、普段はゴム枠の貫通路であり、分割後は正面扉に付いた運転台が使用でき、流体力学的にも180km/h程度までは全く問題のない流線型として機能する。

このようにして、今の『山形新幹線』なら、山形までは7両、その先は4両にして山形以北の増発をするとか、陸羽西線と羽越線の鶴岡－酒田間を改軌または3線化した中速鉄道化後は余目に着いた4両を2両ずつ酒田と鶴岡に直通することも可能になる。

---

* E3系は2度に亘って郡山駅で大幅なオーバーランを起こした

7.6 ケーススタディー（2）：函館と東京、札幌とを直通化

中速鉄道の本としてはやや逸脱する話になるが、7.5 の応用で高速鉄道である新幹線自体にも有益な効果を出すことができる。

いずれ今建設中の北海道新幹線は札幌に延伸する。先に北陸新幹線の敦賀延伸に関して、関西と中京からのメリットがないか少なく、特に敦賀駅の構造がまずいことを批判的に述べ、札幌ではこの過ちを繰り返さないように 5.2.2 で記した。

仮に札幌延伸時に東京－札幌直通に用いる車両を H5, E5 系のマイナーチェンジで作るとしよう。世界でも屈指の利用者数を誇る航空路線である羽田－新千歳からいかに新幹線のシェアを取るかが鉄道にとっても地球環境やエネルギー資源問題にとっても大切なことなので、東京－札幌の所要時間を短縮することが非常に大切になる。このためには、途中の停車駅を思い切って減らしてでもこの間の所要時間を 4 時間以内にしたい。1300km 以上ある北京－上海を現在 4 時間 18 分で結んでいることを考えれば、1035km の東京－札幌が 4 時間以内にできることは当然ともいえよう。長いトンネルが多い東北新幹線では 360km/h 走行が考えられているから、多分 H5/E5 系よりも少し出力の大きな車両（ここでは仮に H5' 系とする）にするであろう。

その際に、北海道の主要都市の一つである函館にもあまり金をかけずに新幹線の利便性をもたらしたい、というのも中速鉄道としての発想の一つである。首都圏と札幌とを短時間で結ぶことを使命とし、航空路の負担を減らして環境問題に大きく貢献する直

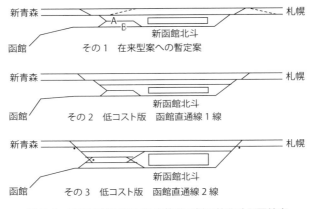

図 7-9 函館直通用付属編成着脱用新函館北斗駅配線案
その1：在来型案への暫定案　本州発函館直通列車は停車直前に後部3両を分離，Aに置き去り，函館に向かう。Bに待機している函館からの3両は本体に併結の後札幌に向かう。破線は通過列車をホームに面しない線を走らせたい場合に設置する
その2：低コスト版　函館直通線1線
その3：低コスト版　函館直通線2線

達列車の他に、途中の都市への便利な列車としては函館にも便利な列車がほしい。そこで、H5'系は東京方の1-3号車を4号車から切り離し可能にし、これを函館直通の車両にする提案である。

　新幹線を高速運転する車両は前後が流線型でなければ走れないことは当然だから、切り離した直後には必ず別の同形の車両を連結することにし、3号車には折りたたんだ際の走行抵抗が少ないパンタグラフを増設する。

　こうして本州からの新函館北斗に停車する列車は、停車直前に後部3両を切り離してAに止め、7両が駅に停車し、客扱い中に函館からのBに待機中の3両を、京急の金沢文庫での増結の要領で素早く併結して、札幌方面に発車する。新幹線としては函

館と新函館北斗の間は利用できなくても全く差し支えないから、本州からの停車直前に切り離された3両は客扱いなしですぐに函館に向かえば良く、函館からの3両も併結が完了すれば駅での客扱いなしで発車すれば良い。

　函館と新函館北斗の間は低速鉄道のままで3線レールにすれば良く、電圧も20kVのままでよい。3号車の札幌寄りは、いわゆる簡易運転台でも良いだろうし、その頃には実用化されている筈の自動運転で運転台はなくても良い。4号車の東京寄りは決して先頭にはならないから、簡易運転台さえも不要である。

　ケーススタディ（1）と同様に3, 4号車間の特別高圧ケーブルの着脱には若干の技術開発を要しよう。

　仮に何らかの突発的な原因で3両のスワップができなくなった場合は、10両のまま新函館北斗に停車して、ローカル列車や代行バスなどに乗り換えてもらうことで新幹線本体への致命的な悪影響は回避できる。

　　　本章の参考文献：
　　　　［1］拙著『鉄道技術との60年―民鉄技術の活用と世界への貢献―』6章「日本の鉄道再生への低減」3の（1）「車両・電気・運転・信号の個別技術から総合システム技術へ」pp.144-147
　　　　［2］鉄道車両年鑑［2016年版 鉄道ピクトリアル臨時増刊 No.923 pp.22-30］巻頭特集：「鉄道の特性を賢くしませんか―標準車時代の個性として―」

第 8 章　中速鉄道化後の日本の鉄道

8.1　日本の鉄道はどう変わるべきか

8.1.1　都市鉄道

・大都市圏では都市機能と輸送の質的改善に

　日本の鉄道の乗客数の 6 割強は公民鉄が運んでいる。平均の利用距離、利用駅間数から見ると中速鉄道化の必要性が必ずしも高い分野とは言えない。

　一方、同じ地域・区間で JR も都市鉄道としての役割を持っている。品川－横浜間（距離は 22km）を例にとると、いずれも複線の京急は駅数が 25、JR の京浜東北線では 9、同じく JR の東海道線は駅数が 3 であり、JR にはこのほかにやや長い別ルートの横須賀線もある。所要時間が短いのは、京急の途中 2 駅停車の快特と東海道線の途中 1 駅停車の共に 17 分であり、京浜東北線の各駅停車（この区間には快速はない）は 27 分もかかっている。本来なら、東海道線は利用客の多い小田原までを中速鉄道化して、横浜以南（西）と東京との所要時間を短縮して生産性を高めることで、車庫や車両数、乗務員数を増すことなく利用者からの要望が強い着席率を向上し、一方の京浜東北線は駅を増して、この区間にも緩急結合輸送を導入することで、道路への依存を減らして、都市機能の一層の向上という貢献ができるのである。

　現時点で唯一の中速鉄道である京成のスカイライナーが走る区間を、もともと成田新幹線の用地を流用して作った他の区間にも

広げれば、千葉都民とも呼ばれる北総鉄道沿線のベッドタウンとしての価値も高まるし、空港連絡鉄道としての所要時間を増すことなく、この列車に都市鉄道としての役割を与えることもできよう。

　同様のことは、東京－松本間は2時間で結ぶことが出来る、とされてきたのに、近年は所要時間が逆に増加している、中央線の通勤電車との共用区間である、高尾までの線形の良い区間を中速鉄道化することにも言える。さらに諏訪地区の近郊輸送区間が単線のままならば、この区間に単線の中速バイパス線を設けて使い分けることでも都心－松本間の2時間化に寄与しつつ、ローカル輸送の質的改善にも繋げることもできよう。

8.1.2　都市間鉄道
・都市間輸送はどうか？

　本州で新幹線計画のない代表地域の一つが千葉県・茨城県・福島県（浜通り）の常磐線である。都心と北千住との接続には歴史的な問題[*]を残しながら、北千住以北は比較的簡単に中速鉄道化が可能な区間である。それなら、近郊輸送は現在の常磐緩行線を民鉄型の輸送形態、つまり駅をもっと増やし、主要駅で緩急結合輸送をすることで利便性を増しつつ乗客数も増やし、道路輸送への依存度を減らすこともできよう。いわきまでは条件の良い複線区間であり、新幹線計画なしのままで立派な幹線鉄道としての役割が果たせるだろう。

---

　* 国鉄が複々線化をするべきところを、当時の営団地下鉄千代田線と接続した問題はまだ尾を引いており解決していない

三重県や和歌山県北部の平野が多い地域も同様であり、近鉄名古屋線なども中速鉄道化で都市間輸送も大々的に引き受ける余力もあろう。

8.1.3 新幹線
・新幹線ネットワークの建設をどうするか

本年3月に敦賀まで開業した北陸新幹線で日本の新幹線の延長はあと一歩で3000kmというレベルにはなった。北海道新幹線が札幌に達すれば3200kmに、北陸新幹線が敦賀から大阪まで伸びれば、3300km強にはなるが、それ以後は全く見通せていない。

なお、これらの数値にはJR東海が独自に建設中の超高速リニア方式の中央新幹線は含めていない。

日本には、今でも生きている既設の新幹線と中央新幹線も含めて全体で約7000kmの新幹線計画があって、2.4で述べたように、これが足かせになって新幹線の建設が今後ほとんど進まなくなっていて、今のペースで建設を進めても完成するのは25世紀頃と計算されている。

計画当時のGDP世界第2位の頃から国力が大幅に低下しているわが国では、それならこの計画を一旦ご破算にして、身の丈にあった予算でよりよいものを造るよう、計画の変更が必要だろう。

その場合の骨子は以下のようになろう。

所要時間を縮め、利便性を増す方法は4章に海外の事例として紹介したように、在来鉄道のスピードアップ、接続の改善、直通化、また日本の民鉄が得意である同じプラットホーム向かい側での素早い乗換、短い運転間隔など多くの手法がある。

第 8 章　中速鉄道化後の日本の鉄道

　残り半分の多くは、既に幹線鉄道との並行区間だから、新線を建設して在来線を経営分離するのではなく、必要な区間だけ災害対策も含めたバイパス路線を建設し、大部分はそれを活用して、中速鉄道化、特に高速鉄道が必要な区間なら、限定的に高速鉄道にするのが賢い方法であろう。

　四国にも新幹線を、との声は大きいので、ここを例に具体的に検討してみたい。

　南北備讃瀬戸大橋には、新幹線用の2線分のスペースが用意されている。しかし、吊り橋の設計荷重としては在来線と新幹線と合わせて同時に走る列車数は2列車まで、という制限もある。これは、運行管理上両者を一体にした管理が必要ということを意味し、計画段階でそれを前提にする方策もできている。それなら、新幹線2線を敷設するのではなく、新幹線1線を造り、もう1本は新幹線も在来線も走れる3線軌にすれば良い。ここを通る岡山から高知までの新幹線はニーズとしては強いだろう。根元の岡山－児島間の鉄道が貧弱なのはまずいから、ここは部分新線を含む中速鉄道化など[*]が必要だろう。

　明石海峡大橋も基本的には新幹線が導入可能な設計がされているが、道路橋である。関西圏と徳島県とは結びつきは強いから、新幹線を造る余裕があれば道路や船に頼るよりは良い点が多い。

　しかし、松山から佐田岬を通り、大分に抜ける部分は、それが繋がる東九州新幹線自体も含めて、今の日本の国力に見合う鉄道区間とは思われない。むしろ在来線の活用こそが望まれる区間で、

　＊［など］とは、走らせるべき列車の形態［大型車体か、在来線サイズか、軌間可変車両か］に応じて造るべき線路も変わる事を意味する

新たな新幹線を造る区間ではなかろう。

・新幹線自体のレベルアップ

　建設中の最後の新幹線でもある北海道新幹線は、完成すると世界でもトップクラスの輸送量を持つ航空路である首都圏－札幌の航空路と競争関係になる。盛岡－札幌の整備新幹線は1972年の山陽新幹線の規格のままの最高速度が260km/hで作られ、建設後に車両側での工夫と、線路側での若干の手直しで、320km/hの運転を目指しているものの、世界最大の（過去のLondon-Paris, 現在のNew York-Chicagoと並ぶ）旅客輸送空路である首都圏－札幌の航空路線からのシェアの大半を取るレベルにはほど遠いものになりそうだ。

　ここでの空路から鉄路へのモーダルシフトは地球環境問題に大きく貢献できる区間であり、鉄路での距離1035kmは今の世界レベルの高速鉄道なら優に4時間を切れる距離であり、新千歳空港と札幌との関係は、福岡市と福岡空港との関係のように航空路が圧倒的に有利な条件でもないので、本来なら新幹線の方が圧倒的に有利な区間でもある。

　ちなみに今の中国の高速鉄道は、北京－上海1308kmを途中1駅停車で4時間18分で結んでいる。

　首都圏と札幌圏との対航空シェア争いは今後の日本の鉄道にとっても、地球環境や資源問題にとっても非常に重要な試金石なのである。

・既設新幹線の有効活用策

　別に欧州のまねをするわけではなく、日本の鉄道が諦めてしまった夜行移動の大きなニーズに新幹線を活用してもよいはずであ

る。国鉄・JR は夜行の需要がなくなったから寝台列車を廃止したと説明しているが、夜行ハイウェイバスに移ってそちらが発展しているに過ぎない。発展したハイウェイバスにも今運転手不足という難題が待ち受けているし、安全面でもエネルギー問題でも大きな夜行需要に対処するには鉄道が優れている。

　線路保守を優先し、夜間は大きな騒音を出さないことを前提にするにしても、線路保守のための定休日を週に1～2日設けてでも活用法はいくらでも見つかるはずである。

　さらに、既に少しずつ始まっている生鮮食品などの高速荷物輸送は、新幹線の主要任務ではなくてもそれなりに既存の幹線鉄道、中速鉄道合わせて余力の範囲で活用できる分野でもあろう。

8.2　あとがきに代えて

　資金がふんだんには使えない日本的風土の中では、安く、早く、良いものを実現しないと日本の鉄道の将来は暗い。

　旅客鉄道が本来もっとも得意な分野で、中速鉄道の欠落という重大な欠陥を一日も早く正して、少子高齢化では説明が付かないレベルの凋落著しい日本の鉄道の起死回生を強く願って結びとしたい。

本文中で使用している写真について
撮影者名がないものは、筆者が撮影・手配したものです。

索　引

数字・欧文

130km/h ･････････････････････････ 25
160km/h ･････････････････････････ 25
160km/h 未満の鉄道 ･･･････････ 25
200km/h ･････････････････････････ 25
2 方向への乗換え ･･････････････ 72
4 方向を区別 ･･･････････････････ 134
5000 系 ･･････････････････ 119, 120
500 系 ･･･････････････････････････ 54
600m ･････････････････････ 27, 28
70km/h の速度制限 ････････････ 35
CR200J ･･････････････････ 56, 57
CRH6 ････････････････････････････ 57
Direttissima ････････････ 35, 66
E6 系 ･････････････････････････････ 36
E8 系 ･････････････････････････････ 36
ETR470 ････････････････････････ 129
ETR610 ････････････････････････ 129
IC3 ･･････････････････････････････ 118
ICN ･･････････････････････････････ 129
IR4 ･･････････････････････････････ 118
S120 ･････････････････････････････ 49
S130 ･････････････････････････････ 48
Taktfahrplan ･････････ 39, 40, 87
Talgo ･････････････････････ 46, 47
TGV との建設費の比較 ･･････ 16

あ行

開かずの踏切 ･･････････････ 99,111
浅い地下トンネル ････････････ 88
旭川 ･････････････････････ 3, 22, 73
異軌間直通 ･････････････････････ 47
いわき ･･･････････････････････････ 21
運行管理センター（OCC） ･･･ 116
駅 ･･･････････････････････････････ 62

駅の位置と構造 ････････････････ 65
越後湯沢 ･････････････････････････ 68
越前たけふ ･･････････････････････ 62
遠心力 ･･･････････････････････････ 74

か行

解釈基準 ････････････････････････ 28
勝手踏切 ･･････････････････････ 102
過電圧耐量 ･･････････････････････ 121
過電圧特性 ･･････････････････････ 121
カント ･･･････････････････････････ 75
カント不足量 ･･････････････････ 77
緩和曲線 ････････････････････････ 78
軌間可変式の客車 ････････････ 46
軌間可変装置 ･･････････････････ 48
技術基準 ････････････････････････ 22
技術基準の解釈基準 ･･････････ 23
既設の駅に乗り入れる ･･････ 65
既存の駅 ････････････････････････ 64
基底トンネル ･･････････････････ 40
饋電 ･･････････････････････････････ 134
饋電回路の抵抗 ････････････････ 136
軌道回路 ････････････････････････ 140
急曲線 ･･･････････････････････････ 59
強制車体傾斜制御式 ･･･････････ 124
曲線半径 ････････････････････････ 75
巨大な駅 ････････････････････････ 68
近鉄名古屋線 ･･････････････････ 82
空気ばね式車体傾斜制御 ･････ 128
クラッシャブルゾーン ･･･････ 110
京急蒲田 ･････････････････････････ 113
京成スカイライナー ･･･････････ 5
京成船橋 ･････････････････････････ 112
警報音 ･･････････････････････････ 106
警報開始 ････････････････････････ 98
欠陥踏切 ････････････････････････ 32

153

建設費	60	線形改良	64
高速進行信号	6	全国新幹線鉄道整備法	9
高速新線	47	先頭形状	118
構内踏切	103	専用機関車	46
湖西線	6	双単線（単線並列）	116
ゴタルドベーストンネル	39		
小諸	17		

さ行

た行

災害大国日本	115	第一種踏切	99
最高回転速度	123	退行運転	115
最高速度	75	退行禁止の原則	115
最小曲線半径	19	台車交換	47
在来鉄道の駅への乗り入れ	35	対面乗換	70
酒田	20	大輸送力用の新幹線	33
札幌	66, 72	武雄温泉	68
三陸鉄道	7	脱輪	97
自然振子式	124	短時間過負荷耐量	133
車上制御型自然振子	128	短時間過負荷特性	132
車体傾斜制御式車両	80	単線	8
遮断完了	106	単線トンネル	40
遮断時間	98	単線並列	116
主要な乗換駅	41	地域に適したフル規格新幹線	33, 36
障害物	106	中速新幹線	7, 33
障害物検知付き踏切制御	106	中速新線	53
乗客数	146	中速鉄道化の提案	21
上下一括饋電	136	中速鉄道の定義	5
常磐線	82	直通	70
信号保安協会	101	敦賀	16, 62, 66
新時代のフル規格新幹線	33, 35	電圧変動率	136
寝台列車	151	電鉄用変電所	131
新函館北斗	36, 73	同一ホームの対面での乗換	65
新八代	16, 68	峠	86
スイス	39	統合型列車制御システム	30, 31, 93, 140
スーパー特急方式	13	統合型列車制御方式	97
スリップスイッチ	91	特殊信号発光機	98, 106
青函トンネル	6	都市間鉄道	147
制御付自然振子	125	都市計画	63
制限速度70km/hの分岐器	63	富山	114
		トリコ	97

索引

な行

乗換時間……………………………… 43
乗換接続時間………………………… 67

は行

バイパス新線………………………… 8
バイパスルート……………………… 44
伯備線………………………………… 77
函館駅に直通………………………… 36, 74
函館直通の車両……………………… 144
函館本線……………………………… 82
走りながらすれ違い………………… 96
歯数比………………………………… 123
八戸…………………………………… 68
パンタ点電圧………………………… 137
標準化………………………………… 90
表定速度……………………………… 3
福井…………………………………… 62
複合車体傾斜方式…………………… 127
複線…………………………………… 20
複線トンネル………………………… 40
部分複線……………………………… 85
部分複線化…………………………… 44
部分複線鉄道………………………… 61
踏切……………………………… 24, 59, 66
踏切支障報知装置…………………… 106
踏切道………………………………… 102
踏切の手前で停止するパターン…… 111
踏切もある旧線……………………… 20
古い技術時代の新幹線……………… 33

フル規格新幹線……………………… 14, 19, 32
分岐器………………………………… 90
分岐器の規格………………………… 35
並行在来線の経営分離……………… 15, 17
並行在来線問題……………………… 15, 17
ベーストンネル……… 2, 40, 48, 85, 86
北総鉄道……………………………… 30
ほくほく線…………………………… 6
北陸トンネル………………………… 6

ま行

米原…………………………………… 68
松本…………………………………… 21
水戸…………………………………… 21
ミニ新幹線…………………………… 12, 13
室蘭線………………………………… 82

や行

野岩鉄道……………………………… 7
夜行ハイウェイバス………………… 151
優先通行権…………………………… 98

ら行

流線型………………………………… 36
両側プラットホーム………………… 43
両開き………………………………… 91
両渡り分岐…………………………… 72
列車選別……………………………… 108
列車防護……………………………… 24, 27
連続立体化…………………………… 112
連続立体交差化……………………… 83

「交通ブックス」の刊行にあたって

　私たちの生活の中で交通は，大昔から人や物の移動手段として，重要な地位を占めてきました。交通の発達の歴史が即人類の発達の歴史であるともいえます。交通の発達によって人々の交流が深まり，産業が飛躍的に発展し，文化が地球規模で花開くようになっています。

　交通は長い歴史を持っていますが，特にこの二百年の間に著しく発達し，新しい交通手段も次々に登場しています。今や私たちの生活にとって，電気や水道が不可欠であるのと同様に，鉄道やバス，船舶，航空機といった交通機関は，必要欠くべからざるものになっています。

　公益財団法人交通研究協会では，このように私たちの生活と深い関わりを持つ交通について少しでも理解を深めていただくために，陸海空のあらゆる分野からテーマを選び，「交通ブックス」として，さしあたり全100巻のシリーズを，(株)成山堂書店を発売元として刊行することにしました。

　このシリーズは，高校生や大学生や一般の人に，歴史，文学，技術などの領域を問わず，さまざまな交通に関する知識や情報をわかりやすく提供することを目指しています。このため，専門家だけでなく，広くアマチュアの方までを含めて，それぞれのテーマについて最も適任と思われる方々に執筆をお願いしました。テーマによっては少し専門的な内容のものもありますが，出来るだけかみくだいた表現をとり，豊富に写真や図を入れましたので，予備知識のない人にも興味を持っていただけるものと思います。

　本シリーズによって，ひとりでも多くの人が交通のことについて理解を深めてくだされば幸いです。

公益財団法人交通研究協会

理事長　住　田　親　治

「交通ブックス」企画編集委員

名誉委員長　住田　正二（元東日本旅客鉄道㈱社長）

委　員　長　住田　親治（交通研究協会理事長）

　　　　　　安達　裕之（日本海事史学会会長）

　　　　　　佐藤　芳彦（㈱サトーレイルウェイリサーチ代表取締役）

　　　　　　野間　　恒（海事史家）

　　　　　　平田　正治（航空評論家・元航空管制官）

　　　　　　石原　伸志（元東海大学教授）

　　　　　　野崎　哲夫（交通研究協会評議員）

　　　　　　合田　浩之（東海大学教授・元日本郵船）

　　　　　　小川　啓人（成山堂書店社長）

(2024年4月現在)

筆者略歴

曽根　悟（そね・さとる）
- 1939年　東京都に生まれる。
- 1967年　東京大学大学院工学系研究科博士課程（電気工学）修了 工学博士
- 1984年　東京大学教授（工学部電気工学科）
- 2000年　東京大学名誉教授　工学院大学教授（工学部電気工学科）
- 1999年〜2021年　工学院大学客員教授・教授・非常勤特任教授

＜主な著作＞
- 新しい鉄道システム―交通問題解決への新技術―（オーム社 1987年）
- 新幹線50年の技術史（講談社 2014年）
- 最新電気鉄道工学（コロナ社・共著 三訂版 2017年）
- 電気鉄道ハンドブック（コロナ社・監修・共著 改訂版 2021年）
- 鉄道技術との60年―民鉄技術の活用と世界への貢献―（成山堂書店 2023年）

＜主な学外活動＞
- 1988年〜2001年　運輸省運輸政策審議会特別委員・専門委員
- 1990年〜2001年　運輸省運輸技術審議会特別委員

＜鉄道会社＞
- 1989年〜1997年　鉄道安全研究推進委員会委員（JR東日本）
- 2005年〜2013年　西日本旅客鉄道（株）社外取締役

交通ブックス130
中速鉄道のすゝめ―日本の鉄道起死回生策―
定価はカバーに表示してあります。

2024年12月18日　初版発行

- 著　者　曽根　悟
- 発行者　公益財団法人交通研究協会
　　　　　理事長　住田 親治
- 印　刷　三和印刷株式会社
- 製　本　東京美術紙工協業組合

発売元　㈱成山堂書店

〒160-0012　東京都新宿区南元町4番51　成山堂ビル
TEL：03（3357）5861　　FAX：03（3357）5867
URL　https://www.seizando.co.jp
落丁・乱丁本はお取り換えいたしますので、小社営業チーム宛にお送りください。

©2024　Satoru Sone
Printed in Japan　　　　　　　　　　ISBN978-4-425-76311-5

成山堂書店の鉄道書籍 わかりやすい！交通ブックスシリーズ

交通ブックス116

列車ダイヤと運行管理（2訂版）

列車ダイヤ研究会　編
四六判・288頁・定価 1,980 円（税込）

各部門の連携を図り、鉄道運行を支える列車ダイヤ。日々の運行のために、ダイヤはどのように構築されているのか。本書では、ダイヤ作りと運行管理の実際を解説します。

交通ブックス127

路面電車
－運賃収受が成功のカギとなる！？－

柚原 誠　著
四六判・236頁・定価 1,980 円（税込）

次世代型路面電車として注目を浴び、大量輸送かつ定時運行が可能なLRTが、"速くて便利な公共交通"になり得るか否か、その可能性に迫る！

交通ブックス128

鉄道の法規
－JRと民鉄の実例から読み解く－

福永 健　著
四六判・216頁・定価 1,980 円（税込）

鉄道事業者、鉄道関連メーカー、鉄道関係の試験機関を目指す高校生や大学生、関係法令を把握しておきたい実務者など、これから「鉄道の法規」を学ぶ人たちに向けた入門書。